# 普遍意志

劉佳昊——著

# 導言

「政治與思想」出版計畫編輯委員會
**吳豐維、陳宜中、曾國祥、葉浩**

## ◆哲學與政治

每年十一月的第三個星期四，是「世界哲學日」。

聯合國教科文組織（UNESCO）訂立這個日子，賦予了哲學這歷史最悠久的人類知識探索活動嶄新且重大的國際使命：促進不同文化之間的理解，從而學習如何共存，攜手尋求國際社會當前所面臨的各種政治、經濟與環境的共同挑戰。

且看二〇一二年世界哲學日當天，教科文組織總幹事博科娃（Irina Bokova）的發言：

面對錯綜紛雜的當今世界，哲學思考首先需要我們謙卑下來，從自己立場退後一步，參與理性的對話，並針對我們所無法左右的挑戰，共同提出應對的措施……我們遇到的困難愈大，愈需要通過哲學來理解和平與可持續發展問題。

……哲學的多樣化是我們培養兼具包容與寬容的全球公民意識之最大財富。面對無知以及不寬容的泛起，哲學有助於相互理解。

我們會發現，哲學不但被賦予了一個推動世界和平與人類永續發展的重任，也肩負著促進全球公民意識的使命。

哲學之所以能承擔、回應人類共同問題的首要理由，在於作為一種反思活動，以自身想法容錯誤為前提，因此在智識上必須謙卑，再展開與異己的真誠對話。一方面分析、挑戰人類共同未來的重大問題之癥結所在，一方面排除自己的盲點，並確認彼此的看法與價值排序，從而確立可能的出路與選項。

政治（politics）一詞淵源於古希臘的「城邦」（polis）概念，對柏拉圖與亞里斯多德等人而言，對政治的探討就是對於正義國度的追尋。

現代主權國家的政治發展出比過去更複雜多元的面貌，研究者思考的政治現象涵蓋巨觀的統治原則到微觀的身體規訓，而致力於思索政治「應然面」的政治哲學因此有其急迫性。舉凡新科技帶來的各種倫理議題、全球暖化與貧富差距的加劇、國際間的互動原則以及經濟危機時的互助合作、共同和平的維護與人類尊嚴的捍衛，乃至戰爭期間與之後重建過程的正義，全都涉及了「自由」、「平等」、「正義」等核心概念。

結合了上述兩者的政治哲學，正是對政治的本質與其相關概念的系統探究，關乎自由、平等、民主、主權、權威、正義、意識形態……等等。儘管這世界的現象流變不息，我們還是可以透過掌握政治哲學的基本面貌，掌握一切最根本的思考基礎。

## ◆政治哲學的翅膀

對亞里斯多德這些古代哲人而言，政治哲學的必要無庸置疑，因為它與人類理性動物的本質以及幸福人生的追求密不可分。

我們如果無法掌握政治哲學的核心概念與論述，恐怕難以清楚把握二十世紀迄今的重大社會變遷，諸如：法西斯政權的崛起、極權體制裡的平庸之惡、冷戰的意識形態對峙、全球青年的造反與叛逆、種族與性別平等的追求、全球化與新自由主義的逆襲、宗教基本教義與極右派勢力的崛起、數位利維坦與監控社會的誕生……等等。在愈趨渾沌的時代裡，我們愈需要政治哲學的洞見。

政治哲學將促進我們表達自身立場和參與國際對話的能力，善盡我們身為國際社會或世界公民社會一分子的責任。更重要的是，政治哲學素養的普遍提升，能夠讓一國之內意見相左甚至對立的公民進行理性的對話、走出對立，且能在清楚各種選項以及價值排序的前提之下，尋求真正的共識或適當的妥協。

本叢書正是在如此背景與期待下誕生，分為兩系列，第一個系列以思想家為主題。意在為讀者開啟一扇門，深入一個思想家的人生與思想歷程，見證一個心靈的偉大，見證一個時代的發展。

第二個系列則以觀念為主題。柏林曾引述德國詩人海涅的話語，指出觀念的威力足以摧毀一個文明，因而用觀念史的眼光、以觀念為軸心，考掘與爬梳政治哲學中的核心概念，考察它在跨時代背景下的發展與影響，得以讓我們掌握哲學漫長的歷史演變、內涵，分析人類共同未來的重大問題之癥結所在。

## ◆人類真的可以活在一個沒有政治的世界嗎？如果不可能，那什麼才是更好的政治？

無論最終的解答是什麼，我們都需要為自己的想像力安上翅膀，而那雙翅膀就是思想的洞見。

當人們開始想像集體美好的可能，政治的哲思就開始了運作，政治哲學就不再是多餘的頭腦體操，而是一種必要。

一九七一年，在反體制的熱潮裡，約翰．藍儂吟唱出了他的〈想像〉（Imagine），要眾人認真地想像一個沒有宗教、國家、戰爭與私人財產的未來。

雖說我們可能也如藍儂唱的那樣，始終是個「夢想家」（Dreamer），但在清楚各種選項以及價值排序的前提之下，尋求真正的共識或適當的妥協，確是歷來夢想家，也是未來夢想家們鍥而不捨追求的最完美境地。

——獻給更美好的未來。

# 目次

# 普遍意志

前言

# 一國之主是人民

生活在民主國家的人們，可能時常聞及諸如「人民是國家的主人」、「政府當依民意施政」、「國會議員應按選民的利益，立法監督行政機關」等政治口號。然而，民意是什麼？政府又該如何察知民意？所謂的民意是否等同所有選區選民的利益加總結果？又，當全國民意和特定選區選民的利益發生衝突，國會議員又該如何立法監督施政？這種種在民主國家的日常生活中，時而會被提出的疑問，其實也是人民在落實人民主權（popular sovereignty）理念時，常會遇到的現實課題。

從最廣泛的意義上來說，人民主權理念最重要的核心，就是我們時常聽到的：「人民是國家的主人」。民主國家的憲政架構、制度設計和政治運作的原則，都應在此核心理念的主導下，致力於讓人民的利益、意見與聲音，得以在政策法律的制定和施行過程中，盡可能完善地被反映出來，從而獲得國家權力的保障。換句話說，在一個由人民主權理念勾勒出來的政治生活圖像裡，國家的權力將會是按照人民的意志和人民的福祉來分配、運作。不過，若從歷史的角度來看，不只民主國家，古代的君王其實也時常宣稱，保障人民福祉是他們使用權力、治理國家的最高指導原則。

舉例來說，在《孟子》一書中有這麼一段話：「民為貴，社稷次之，君為輕。是故得乎丘民而為天子，得乎天子為諸侯，得乎諸侯為大夫。」（〈盡心〉篇）這段文字強調，身懷天命的君王在治理國家時，理所當然要透過保障人民的福祉，來獲得人民的信任。也就是說，人民的福祉和人民是否心向國家、信任君王，是一國權力運作與分配必須優先考量的最高原則。另一方面，西方中世紀時期於歐洲各地林立的諸國君王，繼承王位、受封加冕時也必須宣讀誓詞，藉以表達自身願意竭力維護人民福祉的決心。而這個宣讀誓詞的加冕儀式，也就是人民之所以服從於君王的一種彼此訂約的過程。顯而易見地，從上述提到的歷史事例或古籍文字的紀錄來看，即使一個國家的政體並非為民主憲政而設立，人民的福祉卻同樣都是統治者時常掛在口頭上的治國理念。

不過，君王口中強調的人民福祉，和人民主權理念所主張的人民福祉，其最大的不同之處在於，前者是統治者為穩固自身政權，避免人民起義反抗而提出的，後者則是以人民的意志為出發點，用以決定統治者應該如何行使國家權力，以求保障與增進人民的福祉。換句話說，在人民主權的理念底下，決定要如何透過國家權力來保障人民福祉的人，不該是君王或少數的國家權力掌控者，而應該是人民自身。只是，人民的總人口數在幅員遼闊的現代國家裡，動輒是以百萬、千萬計；如何在這千百萬民眾之間，形成一個為所有人接受、認可的「人民意志」來決定國家立法施政的方向，便是人民主權理念在實踐上需面對的首要課題。

本書無法給予讀者關於這個實踐課題的明確答案，因為身為公民，本就應該藉由和其他公民的合作，共同思索於現實政治中落實人民主權理念的方法。唯有如此，最後集眾人之力構思提出的實踐方案，才能真正符合以人民主權理念勾勒出來的政治生活圖像。不過，如果未曾認識或未曾深思人民主權理念的內涵，自然也就不易想出落實這個理念的適當方法，甚至，也可能會提出與人民主權理念相悖的政治運作方式。為此，本書將針對人民主權理念的相關思想內涵及其理論發展提供概略說明。透過這樣的介紹，筆者希望當讀者在構思要如何落實人民主權理念時，可以將本書作為一個參照的對象，思考人民主權究竟是什麼樣的理念，又為何值得我們去落實。

談到人民主權理念，不可不提的思想論著當是十八世紀法國思想家盧梭（Jean-Jacques Rousseau, 1717-1778）的名作《社會契約論》（*Du Contrat Social*）。在這本書裡，盧梭提出了一個「普遍意志」（the general will）概念，並以這個概念為基礎，針對人民主權理念和人類政治生活之間的關係，做了詳盡的討論與闡述。

十八世紀的法國，在歷經太陽王路易十四的統治後曾盛極一時。對外，法國和鄰近的荷蘭、神聖羅馬帝國、奧地利哈布斯堡王朝、英國、薩伏依、葡萄牙等地接連開戰；對內，路易十四極力收編各地貴族、領主的政治勢力與武裝力量，整頓中央官僚機構，逐步確立了法國的絕對王權體制。然而，路易十四以他個人的才幹與聲望確立起來的絕對王權體制，卻在連年征戰與天災侵襲之下漸趨疲軟，最終導致法國波旁王朝在路易十四辭世之後，必須面對諸多的內憂外患挑戰。而當法國人民正因王室的專斷、貪腐與無能陷於水深火熱時，盧梭便在他的《社會契約論》中提出了一套人民主權理論，宣揚人民的意志與福祉高於統治者權力的主張。於一七八九年爆發的法國大革命，其革命思想的淵源即與盧梭的人民主權理論相關，而「普遍意志」概念則是盧梭立論的關鍵。

本書接下來的各章便將以盧梭的「普遍意志」概念為中心，漸次梳理以人民意志為本的人民主權理念和現代民主政治之間的關係。但在進入「普遍意志」概念的理論陳述之前，筆者想先就兩項民主政治的現實課題進行討論，以作為進一步介紹「普遍意志」概念的準備。而這兩項課題分別是：「投票是否能讓人民充分表達自己的意見？」和「人民的意志是否不會出錯？」

第一章

# 人民主權的難題

## ——代議民主好，還是直接民主好？

當我們說，人民主權理念是關於以人民的意志來決定如何使用國家權力的政治生活時，讀者或許會聯想到「全民公投」這個特殊的政治制度設計。所謂全民公投，顧名思義即是指所有公民針對特定的議案進行投票，藉以表達人民的意見；公民投票的結果便是政府機關在制定與議案相關的政策時，必須參考的全民意向。從理論上來說，這樣的政治制度設計是為了讓人民的意見能夠傳遞出來，使政府機關在制定政策、立法時，可以有一個較為明確的全民意向作為參考依據，以妥善保障人民的利益與福祉。然而，從實踐上來說，全民公投往往會受到許多政治、社會、經濟，甚至是文化上的因素影響，以至於無法完全按照這樣的理論構想運作。

舉例來說，雖然名為全民公投，但各國在制定公投法規時，仍會規定享有投票權資格的條件。像是我國《公民投票法》就規定，享有公民投票權者須為年滿十八歲之中華民國國民，且受監護宣告[1]已撤銷。換句話說，在現行法規的限制下，未滿十八歲的民眾便無法參與公投，無法針對特定議案表達自己的意見。當然，世界各國都各自立有相關法規，明定人民享有公民投票權資格之條件，而這些條件的訂立，往往反映了各國不同的社會文化。如在英國，其英格蘭和威爾斯地區凡是年滿十六歲的民眾，便可至政府相關單位登記資料，並在滿十八歲時享有公民投票權。不過，在蘇格蘭地區則是只要年滿十五歲就可至政府單位登記資料，並在滿十六歲時享有投票權。換句話說，我們除了可在我國和英國的法規裡發現到，不同國家對於人民年滿幾歲可享投票權資格一事有不同的看法之外，也可從中發現，光是在英國這個國家內的不同地區，對於享有公民投票權的年齡限制就有不同的看法。而這些差異和不同，多是和各個國家或地區的社會文化密切相關。

公投除了有年齡限制外，公投的進行更時常受到社會知名人士或政治人物的意見影響，促使人民的意見和這些具有影響力的少數人意見疊合了起來。而這些特定人士的意向更可能由此影響，甚至決定公投議案的設定。像是在二〇一三年，我國人民曾針對是否重新推動核四廠建案一事進行廣泛討論，而在當時，兩大政黨都想要根據自身的特定立場來設定公投提案。主張續建核四的執政黨國民黨，提出以「是否同意停建核四」為議案進行公投，而主張停建核四的在野黨民進黨，則提出以「是否同意續建核四」為議案來公投。兩黨之所以如此設計公投議案，則是因為在當時公投法的規定下，如果實際投票人數未達享有投票權的總選舉人數的一半，該項議案就會被「否決」。也就是說，若公投票數未過半，按國民黨提案的結果就會形同是「經公投表決後，多數人民不同意停建核四」，而按民進黨提案則會是「經公投後，多數人民不同意

❶所謂「監護宣告」是指個人如有精神障礙或其他心智缺陷，而不能與他人溝通或不了解他人表達的意思（即民法第十四條第一項明定，致不能為意思表示或受意思表示，或不能辨識其意思表示效果者），聲請人可向法院聲請，對該個人為監護之宣告。比方說，若一人處於長期昏迷狀態，或為植物人，或具嚴重的智能障礙、精神疾病等，其家屬或其他法定可聲請人，便可申請監護宣告。從法律的角度來說，受監護宣告者即被認定在法律上和七歲以下孩童一樣，沒有行為能力，而需要由監護人當法定代理人。

續建核四」。但實際上，只要公投票數未能過半，無論投票結果如何，該項公投表決能否代表全民的真正意見都是有待商榷。

如此看來，雖然全民公投的制度設計原意，是希望提供一個管道，讓人民可以明確地將自己的意見表達出來，但在現行法規的限制、政治勢力的介入等因素影響下，人民實際上仍難以透過公投來表達他們真正的想法。從這樣的現實處境來看，我們可以進一步反思的課題是：到底投票是否真的能讓人民充分表達自身意見？

## ◆（一）投票就能讓人民充分表達自己的意見？

如導論提及，所謂「人民是國家的主人」這樣的政治口號，對於生活在民主國家的人們來說，應該是時有所聞。然而，在現存的民主國家裡，實際制定法律、施行政策的人多半不是人民，而是由人民選舉出來的政務官員和民意代表。換句話說，在一個民主國家之中，人民雖然是國家的主人，但實際上按照人民自身意志所做出的政治決定，其實就只是透過選票選出代表他們治理國家的人選而已。從理論上來說，這些被人民選出來代表人民實際負責治理國家的人，應該要透過各種溝通管道來了解人民的意向，才可在立法施政的時候，真正落實保障人民福祉之目的。然而，姑且不論現實生活中，有多少政務官員和民意代表願意費心費時和人民做長時間的溝通交流，即使用心聽取人民的意見，政務官員和民意代表之後也還是必須權衡、折衝各種不同的意見，並按照可行性評估結果，起草議案、排定審議討論的會議，最後在官員和專業人士的層層檢視下，送交行政或立法部門的院會審理，才可真正進入立法施政的程序。

從這個漫長的民意反映過程可看出，目前多數民主國家施行的代議民主制度，似乎難以立即有效地將人民的意見與聲音，轉化成具體的法案或政策。而在此情況下，全民公投便被認為是一種可以彌補代議民主制度之不足的方案。與選出代表來治理國家的代議民主制不同，全民公投這樣的制度設計，背後蘊含的政治觀念是所謂的直接民主，也就是前面提到的，藉由公投傳遞出全民意向，並以此意向為根據指導政府機關的立法施政。

然而，公投既然在現行的制度設計中，會因為種種因素影響，導致人民的意見難以真實地反映在投票結果上，那麼，這是否意味，其實問題不在於代議民主制度，而是投票制度本身其實不足以作為反映、表達人民意見的恰當方式？關於投票制度的侷限，在國內外其實都有人討論，並試圖提出各種可能的方案，來回應這個制度的不足。例如高雄中山大學萬毓澤教授在哈瑪星社區推動的「參與式預算」，便是藉由邀集住民針對社區內的各種公共事務進行討論、形成提案，進而建請市政府針對他們的提案進行審查，決定是否可編列預算回應住民的提案建議。這種表達人民意見的方式，便是透過讓民眾參與社區會議、決議地方社區的需求，進而提出預算提案，使得政府在決策施政時可以直接反映地方人民的心聲。

顯然，和代議民主制或全民公投相比，這種讓民眾透過審議討論，直接參與行政預算編列的方式，當然可以讓人民的意見與想法，較為充分地反映在決策施政上，而不再只是單純透過一張選票，把自己的意見轉變成為一個數字總和而已。不過，經由民眾溝通討論以形成提案的政治參與方式，雖然比起單純的投票，更能讓人民的意見被充分地表達出來，但就目前這種政治參與方式的運作狀況來說，民眾的提案最後還是得由政府審查，並由政府決定是否採用。換句話說，地方人民呈現的意志仍然不是政治決策的真正依據。那麼，為何人民的提案終究得由政府審查、由政府決定是否採用呢？

## ◆（二）人民的意志會不會出錯？

針對這個問題，我們可以都市更新計畫在執行上碰到的狀況為例來說明。請試著想像今天有一群人長期合法居住在一個地方，卻因為政府的都市更新計畫，必須決定是否同意政府和建商提出的徵收案和拆遷改建案，搬離自己居住多年的家。試問，這群居民可能會有什麼樣的反應呢？首先，政府是否有提供合理的補償，或許會是居民第一個考慮到的事情。畢竟，少了合理的補償就不易找到其他條件相仿的居住場所，也就不會同意政府和建商提出的徵收改建計畫。

其次，即使政府和建商有提供合理的徵收條件，讓居民能夠找到其他適合居住的場所，並且願意讓居民在改建完成後，重新回到原居住地生活，有些居民可能仍然不願意參與都市更新計畫，執意留在自己的家，不想搬離。這些不同意都更的居民執意留下的原因，可能是由於他們現有的房舍土地，是先人留下的祖產，或是因為他們的民俗信仰，認為現居地的風水好，而不願離開。對於政府來說，這些居民若是不願離開，勢必會影響都市更新計畫的推動和執行，故而必須透過各種方式去溝通、協商，以求取得居民同意。政府單位甚至會援用、假借相關法律強制執行，像是二〇一三年苗栗縣政府強制徵收、拆遷大埔四戶民宅的事件，便是一例。

如此，居民的利益和政府的政策之間明顯存在著矛盾。對居民來說，合理、完善的利益補償措施，或是家族的回憶和信仰，都可能是他們最為關心的事。但從政府的角度來說，為了一個地方的未來發展和公共交通住宅的安全，重新規劃特定區段的土地，或是拆除重建老舊住宅，則是較為優先的考慮事項。不過，如果我們是從人民主權的角度來思考這些問題，人民的意志既然是政府立法施政時必須參照的依據，那麼透過強制徵收及拆遷等方式來推動都市更新，就顯得十分的不妥了。

只是，生活在一地的居民，他們的意見又如何能夠代表一個縣或一個市所有民眾的意見？從這點來看，如果我們先不考慮現實世界中，可能發生圖利建商和官商勾結的情況，人民和政府之間的矛盾往往代表著，特定民眾的利益和政府代表的全體民意之間的矛盾。而政務官員和民意代表便必須在這些不同利益之間、在地方利益和國家利益之間折衝，找到一個可讓眾人接受，又能顧及國家社會發展的平衡點。因此，經由地方民眾審議討論形成的預算提案，之所以還是得由政府審查、由政府決定是否採用，便是因為由全體人民投票選出的官員和代表，他們本來就有在各種施政提案之間斟酌、評估，進而決定哪些提案較能增進全體人民福祉的職責。

此外，即便有一天所有國民都能透過某個網路平臺，充分表達自身意見，將全國人民的意向都藉由這個平臺完整地呈現出來，無須再透過地方提案、投票或是官員代表反映，這仍然不意味著，未來政府立法施政方向必定會有一個明確且最佳的指導依據。這是因為，儘管全民的意向可以藉由這個平臺完整呈現，以協助政府確立施政方針，但這個基於全民意向所確立的施政方針，是否一定就會是「最佳的」施政決策則仍有待商榷。

事實上，由於全國人民可能因為各自不同的經濟、社會和文化背景，而無法同等取得和國家政策法案有關的所有資訊，在這樣資訊不對等的情況之下，也就難以確立出一個大家都可接受的最佳判斷。而且，也可能會有人是基於個人的利益，而非全體的福祉考量來提出自身意見。換句話說，集結全體人民的意志所做出的政治決定，並不必然會比政務官員和民意代表所做出的決策來得好。

不過，如果根據人民意志決定如何行使國家權力的結果，和少數官員、民意代表所做出的決策相比未必較佳，那我們何須再討論人民主權理念？何須再述說「人民是國家的主人」這樣的口號？對於這種關於人民主權理念的疑惑，最好的解惑方式便是回到人民主權理念的形成背景和發展脈絡，來了解它的重要性。為此，本書接下來的章節便將從盧梭的「普遍意志」概念出發，簡介人民主權理念的思想內涵與發展歷程，並期望讀者能夠在閱讀的過程裡，透過不斷反思、參照現實生活中存在的各種政治課題，形成一套屬於自己的人民主權想法。

第二章

# 盧梭的觀點：普遍意志和總意志

## ——質和量的區別

神龍縣仁明鎮的鎮民，即將迎來一年一度的祭祖大典。只見街坊民眾四處張羅，希望在大典當天辦得熱熱鬧鬧，討得祖先歡心，也贏得遊客的喜愛。然而，今年大典舉辦的地點，卻由於種種因素遲遲未能決定。原本鎮民共同決定，要在仁明鎮曉企里的一塊空地上舉辦今年的祭祖大典，但因為縣政府有意收購該塊空地，作為未來興建快速道路的預定地，曉企里里民便想和縣政府盡快敲定收購案，好取得政府給的優渥款項和補償金。今日，曉企里里長便在里民大會上和各里發生了爭執。

曉企里里長：「鎮上要辦祭祖大典，我們是全力支持，但現在縣政府要收購那塊空地，也不是我們曉企里決定的。如果從我們里的角度來說，當然是盡快和政府談妥，讓里民有比較優渥的售地收入，是最重要的事。我想祖先們也不會希望自己的子孫受苦才是。」

大艾里里長：「曉企里這樣說就不對了。祭祖大典不僅是鎮上的傳統，更是一年一度大家聯絡情感的重要節日，如果只是因為少部分人的利益，使得大典籌辦倉促，影響了全鎮長久以來的習俗，這才是祖先不願樂見的吧！」

忠堅里里長：「大艾里說得是，但空地既然是在曉企里那，曉企里的想法，我們也應該尊重才是。現在離大典日期還有不少時間，我們應該趕緊另外找個地方籌辦，也才不會影響今年大典的進行。」

維立里里長：「忠堅里說得好聽，但當初我們之所以選在曉企里辦大典，就是因為曉企里那邊的交通比較方便，可以吸引更多的遊客來，我們仁明鎮也才可以透過大典做廣告，推廣觀光。今年如果不在曉企里那辦，我們如何提高觀光收益？」

眼見各里吵得不可開交，又無共識，仁明鎮鎮長只好請大家投票表決，看多數人是否同意另外找個地方辦大典。

沒想到，鎮長此話一出，各里吵得更凶，紛紛指責鎮長只想用投票息事寧人，沒有要處理爭議的意思。桔橋里更喊出「鎮長下臺」、「改選鎮長」等語，讓里民大會在各里喧鬧下草草結束……

這個仁明鎮的故事，正好反映了我們上一節提到的，投票表決似乎並非總是表達人民意志的最好方式。另一方面，從仁明鎮鎮長的發言中，我們也可看到一個關於投票的常見想法，那就是任何政治爭議好像都可透過投票表決來解決。這種解決爭議的方式，顯然不一定會有好結果。然而，由少數政治人物或專家學者做出的決定，也未必會比多數決的結果來得好，而且也不一定能夠獲得人民的信任。

在這裡我們便碰上了一個難題：究竟我們該以何種方式決定如何施政、決定如何立法，才能有最佳的結果？是按照少數政治人物和專家學者的決定立法、施政，還是按照多數民眾的決定才能有最佳的結果？又或者，換個角度來說，以人民的意志做出的政治決定，如果沒有比官員和民意代表的決策來得好，那為什麼在民主的國家裡，人們還是時常會聽到「人民是國家的主人」這樣的口號？甚至於，在許多時候其實不是民眾在呼喊這個口號，而是少數政治人物在宣傳民意和人民福祉的重要性。

從盧梭的觀點來說，回答這些問題的關鍵，在於統治者治理國家的權力必須要有正當性（legitimacy）；若沒有正當性，無論統治者的政治決定是好是壞，被統治者就可以反抗、推翻統治者。就像仁明鎮鎮長最後如果不是訴諸投票，而是自己獨斷地做出決定，那里長們就很有可能因為這個決定不是大家投票表決的結果，而不按這個決定辦事。進一步地，如果鎮長運用各種手段威脅利誘，想強迫大家接受他的決定，那里長們就可能會號召里民抗議，逼使鎮長下臺。只是，政治決定若不是由某個人做出決策，其形成決定的過程就容易像仁明鎮的里民大會那樣，吵雜紛擾又耗費時日，而且如果與會人數增加到一個縣、一個直轄市的範圍，那麼這個形成決定的過程便將會更為冗長。

關於這個做出政治決定的過程，盧梭有他自己的一套看法。首先，他強調由人民的意志做出的決定，之所以可以為統治者的權力提供正當性，不是因為這是經由所有人民表決之後所產生的多數決定，而是因為這個決定符合人民的「普遍意志」。盧梭認為，由多數決形成的意志是所謂的「總意志」（the will of all），也就是根據人民意見的加總結果所形成的意志；至於普遍意志，則不是單純由人民投票結果產生的多數決定，而是和人民意志具有的某種性質相關。

舉例來說，利益考量便是人民意志所具有的一種特殊性質。由利益考量形成的人民意志，和由加總人民的意見形成的意志相比，它們的差別在於：在後者加總形成的結果裡，每個人投票時的動機考量並不會呈現，這是因為，單就投票表決來說，最後的票數加總結果，比起每個人為何投下手中的選票更為重要；但相對地，由利益考量形成的人民意志則和每個人的動機息息相關。當人們出於自身的利益考量做出政治決定，這些促使人們做出決定的動機，便成為了如何按此決定進行治理活動的理由。也就是說，這些利益考量能夠賦予統治者一個依循人民意志行動的正當性。不過，雖然出於利益考量形成的人民意志具有此特殊性質，而非只是數字加總的結果，但對盧梭來說，普遍意志不只和人們的一己私利有關，還必須要從公共的角度去做設想。也就是說，盧梭所謂的普遍意志，是指當所有人皆從公共利益的角度，去思考什麼是人民的福祉時所形成的意志。

再者，對盧梭而言，普遍意志具有的特殊性質，甚至也不只是和公共利益的考量有關，而是同時帶有某種道德意涵。就像大艾里里長是從眾人共享的習俗傳統出發去思考什麼是人民的福祉，盧梭認為，依循人民的普遍意志去構築政治生活的同時，也必須考量並顧及所有人的道德生活，而非只關注物質利益。至於盧梭之所以不限於公眾的物質利益，更將大家的道德福祉也納入他普遍意志概念裡的原因，則和他身處的時代脈絡相關。

第三章

# 普遍意志概念的前身

## ——人與神的爭鬥

正如同祭祖大典、宮廟文化等等，是我國庶民生活和政治實踐不可或缺的一環，宗教信仰與相應的儀式活動也在歐洲社會裡扮演了重要角色。而在十七世紀至十八世紀的法國宗教論述裡，最受當時知識分子關注的一項課題，則是：「神是否想要救贖所有的人？」

談及我國民眾對西方基督宗教的印象，或許有人會聯想到「天國近了」、「神愛世人」、「耶穌是主」等時常在大街小巷看得到的標語。然而，對許多十七、十八世紀的法國神學家和知識分子來說，縱使天國即將來臨、神也愛祂的造物，但這些都未必能夠作為我們宣稱所有人類都將獲得救贖、進入天國的充分理由。他們之中，主張神想要救贖所有人的一派認為，神想要拯救人類的意志是普遍的（universal），因此只要是人，最終都會獲得救贖。不過，對於主張神只想要救贖一部分人的一派來說，神想要拯救世人的意志是特殊的（particular），只有滿足特定條件或達成特定成就的人，才能在末日來臨時獲得救贖。

而在這爭辯神的救贖意志是普遍還是特殊的過程裡，十七世紀於法國興起的冉森教派（Jansenism）首次提出了「普遍意志」這個詞彙。基本上來說，冉森教派認為，神其實早在末日來臨之前，就已決定好誰能夠獲得救贖、誰不能夠獲得救贖。換句話說，人能不能獲得救贖，憑的是神的恩典、是神早已預先決定的意志，而非人的自由意志。因此，凡是基於神的意志而早已預定會獲得救贖的人，無論在塵世的生活裡做了什麼好事或壞事，都會因為這預先決定好的結果而獲救。

不過，當時的羅馬教廷認為，冉森教派提出的這種救贖觀，是有違教義的。根據教廷在一五四七年特倫托會議（The Council of Trent）上商議決定的教義內容，並非所有人都能在末日來臨時獲得救贖，只有那些回應神的恩典，並努力爭取救贖的人，才可望進入天國。而這種救贖觀明顯和冉森教派的主張不同。在教廷的觀點下，人們仍然能夠憑藉自身的努力，在塵世中爭取到獲救的機會。於是，隨著冉森教派和教廷之間的歧見與衝突日漸加劇，在路易十四掌政期間，他為了確保王權不會因為信徒們的歧見與衝突而受動搖，便與法國境內的耶穌會教徒合作，驅逐了冉森教派的信徒。不過，冉森教派雖然被逐出法國、流亡他處，但他們針對神的救贖意志所提出的詮釋，仍對法國政治社會思想的發展帶來了不小影響。特別是，阿諾德（Antoine Arnauld, 1612-1694）和巴斯卡（Blaise Pascal, 1623-1662）對普遍意志概念內涵的闡發，更是開啟了這個概念在近代政治思想史中的旅程。

## ◆（一）法國神學家：神的意旨

我們剛剛談到，十七、十八世紀的法國神學家與知識分子，對於神的救贖意志究竟是普遍的還是特殊的，有所爭論。而正是在這些爭論的過程裡，「普遍意志」概念首次於冉森教派的阿諾德筆下被提出。

阿諾德是冉森教派裡的一位重要信仰領袖。透過他的寫作與佈道，冉森教派在法國境內的影響力逐漸茁壯。對阿諾德來說，在人類墮落之前（指在亞當和夏娃偷吃禁果之前），神原本懷抱著一種普遍意志，一個「想要救贖所有人」的神聖渴望。然而，正因為這想要救贖所有人的想法，僅僅是種渴望、是種意圖，而尚未具體落實，阿諾德認為，在人類墮落之後，神雖然仍保有這樣的想法，但卻只想給予少數人恩典，讓他們在末日降臨時獲救（Grygieńć, 2013: 9-10）。換句話說，在阿諾德的解讀下，神的救贖意志是在人類墮落之後，從普遍意志轉向了特殊意志。

另一方面，在阿諾德的鼓勵下，巴斯卡也開始撰文闡述冉森教派的教義，並擴展了普遍意志概念的內涵。巴斯卡是十七世紀著名的法國學者，他最為人熟知的成就多是在數學領域上[2]，不過，他在神學領域上其實也有許多貢獻。和阿諾德一樣，巴斯卡也將「普遍意志」理解為神原本想要救贖所有人的一種意圖。然而，和阿諾德不同之處在於，巴斯卡從兩個面向擴展了這個概念的內涵。首先，巴斯卡認為，相對於普遍意志，神在人類墮落之後所展現的另一種意志，是所謂的「絕對意志（absolute will）」。而在這絕對意志的主導下，神不再想要救贖所有人，而是任意、獨斷地選出特定的人們，作為祂救贖的對象（Grygieńć, 2013: 10-11）。

同時，巴斯卡也指出，當我們運用普遍意志概念來討論社群生活時，這個普遍意志其實就像是統合人類身體各部器官的主導意志。他表示，如果我們說手或腳有它自己的特殊意志，那麼這些意志必然要在一個主導意志的管理下，才能一起為了人的身體福祉，有系統、有秩序地運作。同樣地，如果在一個社群中，每一個社群成員都只按照自己的意志行事，那麼社群整體福祉的維繫，便將困難重重。換句話說，為了保障、維繫社群整體的福祉，在一個社群中，必然需要有一個主導的意志來管理、統合各個成員的特殊意志（Grygieńć, 2013: 11-12）。

如此，在阿諾德和巴斯卡的闡述下，初萌生的普遍意志概念便具有三項重要特徵：（1）這個意志具有的特性和關聯對象與全人類有

---

❷ 如著名的巴斯卡定理。

關；（2）這個意志作為一種單純的意圖，未產生具體的效果或結果；（3）這個意志在人類社群之中，代表的是主導眾人應如何生活的意志。而在阿諾德和巴斯卡之後，普遍意志概念則在馬勒伯朗士（Nicolas Malebranche, 1638-1715）的發展下，更進一步地產生了一種「法則」的內涵。

馬勒伯朗士是十七世紀著名的法國笛卡兒主義神學家。他最為人們所熟知的觀點，即是他認為世界上所有事物和事件的起因，都源自神的意志。舉個例來說，他認為，人之所以會移動自己的手臂，是因為神想要這件事發生，相對地，若神不想要人移動自己的手臂，那麼人就只可能在自己的腦海中出現這個念頭，卻不會真正做出動作。不過，馬勒伯朗士強調，雖然神的意志是世上所有事物和事件的真正起因，但神並不是隨意促成這些事物或事件的發生。相反地，神總是遵循祂在創世之時便已立下的「普遍法則」（universal laws），來促成各種事物或事件的出現。

就此來說，馬勒伯朗士認為，神所擁有的普遍意志，其實就是祂創制各種普遍法則的源頭。他指出，神是在創世之時，憑藉著祂所擁有的神聖意志，創制了各種規定世間萬物如何運行、生滅的普遍法則。而這創制普遍法則的神聖意志，便是我們所稱的「神的普遍意志」（TNG, 128-129）。據此，馬勒伯朗士遂另外宣稱，神的特殊意志並非神恩的展現，亦非神無視法則對世人展現神蹟的昭示。他表示，當我們試圖從人的角度來理解神，我們確實會誤以為神對世人展現的神蹟，是祂為了照料祂的子民，而無視法則、違背法則所施予的恩典。然而，這種想法其實顯示了人的無知。簡單來說，正是因為人們未能充分了解神創制的普遍法則，才會將人無法理解的事件，都一概推說是神施予的奇蹟。但事實上，這些神蹟其實只是神依循祂創制的普遍法則所促成的事件（TNG, 137）。

如此，透過將神的普遍意志，理解為規定世間萬物如何運行的普遍法則，馬勒伯朗士進一步地賦予了普遍意志概念一種「法則的內涵」。

而這項內涵，以及前面所提及的另外三項普遍意志概念具有的特徵，最終在盧梭巧妙的運用下，成為了他用以表述人民意志和國家、政府之間關係的思想資源。

## ◆（二）孟德斯鳩：法的精神

在前面，我們簡單說明了普遍意志概念的內涵，是如何在十七世紀法國宗教論述裡歷經變化。從中我們可以看到，經由阿諾德、巴斯卡、馬勒伯朗士等法國神學家的闡述，普遍意志概念逐漸具有了許多面向。不過，普遍意志概念的內涵雖然隨著神學家的討論，日益豐富起來，但在這個階段，普遍意志仍始終被認為是「神」所擁有的一種意志，而與人民的意志無涉。至於那促使普遍意志概念的內涵，從神的意志朝向人民意志轉變的關鍵人物，則是孟德斯鳩。

孟德斯鳩（Montesquieu, 1689-1755）是法國啟蒙運動時期的一位重要哲人。他不僅提倡著名的三權分立學說，在法學研究方面也有很高的成就。而在孟德斯鳩耗費近三十年光陰所寫的《論法的精神》（*The Spirit of the Laws*）一書裡，他對法則（law）的內涵做了許多層次的討論。首先，在孟德斯鳩理解下的法則第一層內涵，和馬勒伯朗士所說的普遍法則沒有太大區別。他表示：「作為造物主和維護者，神和宇宙相連；而那些由祂所造的法則，也就是祂藉以維繫這個世界的法則」（SL, 1）。在這裡，對孟德斯鳩來說，這由神所造的法則，便是基於神的智慧與普遍意志所創制的普遍法則。

其次，法則的另一層內涵，則與政治運作的原理有關。孟德斯鳩指出，當統治者在思考該如何做出決策時，他首先應該考量的，是和國家整體秩序有關的偉大事物，如領土擴張、正義、繁榮、自由等理念。但除此之外，當統治者在進行統治活動時，也須顧及國家整體的普遍精神（the general spirit），並約束那些有悖這個精神的特殊主義（particularism）。在這裡，孟德斯鳩筆下所謂的特殊主義，具有相當廣泛的內涵。如政府擁有的立法權、行政權、司法權，或是國家內部的特定事件、特定群眾或特定意見等，都算得上是一種特殊主義。就這點來說，三權分立之所以重要，便是為了透過特殊權力之間的彼此制衡，來避免特殊主義凌駕於國家整體的普遍精神之上（SL, 155-186）。簡單說來，孟德斯鳩談論的法則的第二層內涵，便和人們組建國家的目的，以及由此形成的各種人為法律、政體相關。

接著，在孟德斯鳩的理解下，法則尚有第三層內涵，並且和剛剛提到的國家整體的普遍精神有關。就孟德斯鳩談論的法則的第一層和第二層內涵來說，這兩者其實相互關聯。這也就是指，人既然是由神所造，那麼人類的生活理當和世間上的其他事物一樣，都是依照神所創制的普遍法則去運作、變化。只不過，孟德斯鳩認為，眾人雖然都因為同是神的造物而共享一套普遍本性，但這與生俱來的人類本性，卻會受到環境的影響而產生出不同的表現形態。舉個例來說，日本是個狹長島國，生活在這塊土地上的人民，便會慢慢習慣依海為生的生活方式。相對地，印度位居歐亞大陸裡的一大半島上，雖然臨海，但因為腹地廣闊，生活在印度半島上的人民，則是慢慢地發展出了半島地區的生活型態。同樣地，即使是在臺灣這個島上，也有如南投以山為生的區域，也有如基隆以海為生的港灣。由此可見，隨著自然環境和地形地貌帶來的影響，人們實際上會以自身的本性為基礎去發展出各種不同的風俗民情。而這種經由普遍法則和特定環境交相作用所產生的風俗民情，根據孟德斯鳩的解釋，便是生活在一個國家內的眾人所共享的普遍精神（SL, 310）。

若試著將前述內容統整一下，在孟德斯鳩的理解下，法則的內涵便為下列三項：（1）神所造的普遍法則；（2）根據國家的存在目的而出現的法律和政體；（3）在普遍法則和特殊環境交相作用下產生的一國風俗民情。若進一步就這三者的關係來說，普遍法則規定了人的本性，並由此造就了人有組建國家政體的需求。但與此同時，國家的政體和法律也必須呼應一國人民共享的風俗民情和生活方式。換句話說，政府除了需要滿足人民的基本人性需求之外，另也需要考量人民的風俗民情來施政。從反面來說，假設今天基隆市政府忽然不顧市民共享的港灣生活，而極力發展牛隻放牧事業，或是說雲林縣政府突然無視縣民的信仰，將北港朝天宮附近出巡放炮的街區，都規劃成為了紙雕文物的歷史觀光街道。在這類假設情境裡，政府在決策如何施政、立法時，便明顯沒有顧及風俗民情。

總結來說，在孟德斯鳩的闡述與發展下，神的普遍意志便和政府法律、國家政體，以及一個民族的風俗民情有了關聯。而這，便成為了盧梭從一個民族的人民全體意志，來理解普遍意志概念內涵的重要思想鋪墊。

第四章

# 為何要有普遍意志？

## ——不再做孤單的野蠻人

在上一章，我們花了一些篇幅簡單介紹了在盧梭之前，普遍意志概念具有的幾項意義內涵。若將這些意義內涵，大致整理一下，約略有以下幾點：

G1. 普遍意志是神想要拯救所有人類的意志；

G2. 普遍意志是神懷抱的一種意圖，而未具體發揮效用、產生後果；

G3. 普遍意志是神創制規範世間萬物如何運作、生滅的普遍法則的根源；

G4. 普遍意志是種主導、規定人類社群應該如何運作、發展的意志；而普遍意志在人類社群中的呈現方式，又和兩個部分相關：

G4-a. 依神的意志創制的普遍法則，規定了人類的本性，從而使人需要國家與政治生活、法律與政府體制。

G4-b. 神所創制的普遍法則，雖規定了人類的本性，但人類展現本性的方式會受自然環境影響，從而在不同地域形成擁有不同風俗的各類民族。

以上，這種種在盧梭之前已被闡發的普遍意志概念內涵，在《社會契約論》裡，則被盧梭巧妙地揉合在一起，並成為了人民所擁有的一種獨特意志。順此來說，在接下來的五個篇章裡，筆者便將聚焦討論盧梭的普遍意志概念，以及與此概念相關的幾個面向。這些面向包含「為何要有普遍意志」、「普遍意志的內容為何」、「如何表現普遍意志」，以及「普遍意志和國家政體與政府制度之關係」等等。而本章的討論內容，則將從「為何要有普遍意志」這個部分開始談起。

## ◆（一）自由與安全

我們在前面提過，普遍意志是作為國家主人的人民所擁有的一種意志。而在《社會契約論》一書裡，普遍意志概念的首次登場，正是盧梭在說明為何人們會相互訂約、結成社會的時候。對盧梭來說，關於人類的一個重要謎團是：為什麼人生而自由，卻甘願受到各種法律習俗的約束？回溯人類歷史，在蠻荒時代，人們是天生天養。誕生於森林，便靠果實、林產維生；誕生於草原，便靠畜群維生；誕生於濱海，便靠海洋、漁獲維生。生活在這樣的一種自然狀態裡，人們的言行舉止未受社會規範束縛，單純依照本能來行動。原始人的生活，因此可說是種自由自在的生活。

不過，在這沒有社會規範的生活狀態裡，人們雖然自由自在，但有些事物的存在，卻會對人們的生命安全造成威脅。例如猛獸的襲擊、自然災害的破壞，或是強者的侵奪等外在力量，都可能危及個人的生存與自由。因此，當人們發現，單純靠自己或少數人的力量，無法與猛獸、災害和強者抗衡時，便只能凝聚眾人的力量，合作對抗外在的阻力。換句話來說，雖然人們在自然狀態裡擁有自然的自由，且沒有社會規範的束縛，但人們擁有的這種自由毫無保障。

此外，縱使人們在自然狀態裡，逐漸透過男女之間的結合，組建家庭，並發展出各式各樣的聚落、村落生活型態，這些初始的群體生活對盧梭而言仍難以替人們的自由與安全提供穩定的保障。說到底，這是因為當人們有了家庭、有了家產，有了人際之間的互動關係，便會開始相互評價，而人們也會開始有了自己有資格被別人重視或誇耀的想法。只不過，這種被盧梭稱為「自重之愛（amour-propre）」的情緒，容易讓人在沒有得到重視或被誇耀的情況下，感到受侮、受傷，從而在人們之間埋下衝突的種子。當這種怨懟情緒最終爆發，報復性的征伐便可能出現（DOI, 60-62）。

於是，為了尋求生命安全與自由的穩定保障，盧梭認為，人們將會設法建立平等社會，讓參與組建社會的每個人，都能在全體力量的保護下，安然生活（SC, 59-60）。而人民的普遍意志，便是在這個結社過程中，所呈現出來的一個公共意向。

就此說來，當人們接受彼此、接受社會規範時，他們當下表露出來的意志傾向，理該是朝向公眾的。例如，在校園裡，班級幹部或導師有時會向班上同學收取班費，以支應全班採買上課用品或班級出遊時的開銷。這時，班級同學或許是出於同儕壓力，或許是因為導師要求，才會繳納班費。但無論是出於何種原因，在繳納班費時，學生們便會遇上一個「公共」概念。意即，當每位同學都被要求要繳納班費的時候，就會發現自己不是一個孤立的個體，而是整個班級的一分子。當然，在被要求繳納班費時，每位同學也會由此發現，在個人利益和班級的公共利益之間存在著某種關聯。如此一來，當一個學生接納了其他同學並願意繳納班費，他在當下所表露出來的意志傾向，便具有公共的性質。

同樣地，盧梭認為，當生活在自然狀態裡的人們接受彼此、相互訂約，並願意把自己交付給公眾安排後，國家、社會等公共生活便會在他們之間形成。至於人們原本享有的自然自由，則會在訂約之後，轉變成為受法律規範保障的公民自由（SC, 64-65）。有關這個經由人們彼此約定，從而建構社會、國家的契約內容，根據盧梭的描述，大概會如下文：

我們每個人都將自己，和屬於自身的所有權力交付給公眾，並在至高的普遍意志之下，接受指導；而作為整體，我們則把每位成員，都看作是全體不可分割的一部分來對待。（SC, 61）

由此看來，當生活在自然狀態裡的人們，願意心向公共、接受社會公眾的規範和要求時，在他們之間便形成了一種整體關係。而在這樣的關係裡，透過人們心向公共、願意將自己交付給公眾所表露出來的共同意向，便是至高的普遍意志的雛形。

於此，必須強調的是，我們一般所說的「人民」（a people），在盧梭的描繪下，正是這些經由相互訂約的人們所構成出現。在此之前，每個人都是獨自生活在自然狀態裡，只會偶然出於天性，與他人交媾、繁衍後代。而當人們簽訂了社會契約，一種新的生活狀態便在他們之間出現。按盧梭的說法，這個新的生活狀態，便和一個具有共同意志、共同生命的公共整體有關，而這個公共整體，其實也就是我們所說的「人民」。此時，當「人民」出現了，這個公共整體便會運用社會全體的力量，制定法律、設立規範，建立國家。至於這個為公共整體所掌握的全體力量，作為一種歸屬於人民所有的無上權利，也就是我們一般所謂的主權（sovereignty）。

如此，一旦我們接受盧梭的說法，人民的普遍意志為何會是主導國家如何運作的最高原則，其理由便相當清楚。這是因為，當人們為了自身的自由與安全尋求保障時，他們便會傾向接納他人，並和他人一同按照全體的公共利益與意向，組建社會、國家。就此說來，正因為國家是依眾人的公共利益與意向，亦即是按人民的普遍意志所建立，國家負責的各種公共事務或其下屬的各個政府機關，便理所當然必須按照人民的普遍意志所提出的要求或指引來運作。而在盧梭提出的這般說法中，便呈現出了一個有關人民主權的理論[3]。

說到這裡，人之所以生而自由，卻又甘願受社會規範束縛的原因，便是因為人生而享有的自然自由，若沒有社會力量的保護，將容易受到外在事物的侵擾，甚至連生命安全也將失去。而人民的普遍意志，在盧梭的筆下，便是主導社會、國家應該如何使用全體的力量，來平等地保護眾人的自由與安全的最高依據。

## ◆（二）權利與利益

從前面的討論可知，盧梭在說明人們為何會捨棄自然自由、組建社會國家的時候，他援用了一個假想的社會契約概念。而根據這個假想的訂約過程，人們組建社會的動機，便和個人尋求生命自由的安全保障有關。然而，若從盧梭所身處的十八世紀來說，似乎很難從當時的法國社會裡，找到人民的普遍意志曾經或正位居於主導地位的線索。

在《社會契約論》一書初版的那年，也就是一七六二年，歐洲大陸上爆發的七年戰爭正走向不利於法國的局面。一七五六年，同屬基督新教背景的英國和普魯士，締結軍事同盟關係，約定雙方合作維護德意志地區的安全與完整。另一方面，與普魯士處於敵對狀態的奧地利，則和法國締結同盟。而在與英國結成同盟後，普魯士國王腓特烈二世便於同年八月，率軍向奧地利和薩克森發動攻勢，揭開了七年戰爭的序幕。在這個時期，圍繞在普奧之間的衝突，主要是為了爭奪德意志地區（也就

❸ 除了盧梭的《社會契約論》外，霍布斯（Thomas Hobbes, 1588-1679）、普芬道夫（Samuel Pufendorf, 1632-1694）、洛克、休謨（David Hume, 1711-1776）等歐洲思想家，也曾運用「契約」概念，來談論國家、社會和主權的來源、形成。有興趣了解的讀者，可參閱本書「延伸閱讀」內的條目。

是神聖羅馬帝國）的統治權。但隨著英法兩國的加入，北美地區的英法殖民衝突便成為戰爭延燒的另一個原因。簡單說來，自英法兩國開始拓墾北美地區後，雙方便時常為了爭奪魁北克和路易斯安那兩地的控制權，而在北美發生軍事衝突。而當普奧之間爆發了戰爭，英法兩國的衝突便也隨之加劇。

然而，一七五九年，當英國海軍完全掌握了制海權，法軍便只好讓北美殖民地自行抵抗，全心將軍力投入歐洲大陸的戰事上。只不過，歐洲大陸的戰事走向至一七六二年也開始對法軍不利。在北方，隨著奧軍接連失利，法軍也未能在獨力與普魯士陸軍對戰的情況下取得優勢；在南方與法軍聯手的西班牙軍隊，在英國與葡萄牙聯軍的攻擊下，遭受痛擊，連帶影響了法軍的戰略部署。最後，當英普奧法等參與七年戰爭的主要國家，於一七六三年接續議和後，法國不僅失去了魁北克、路易斯安那等海外殖民地，毫無成就的戰爭結果，更使得當時的法王路易十五，毀壞了他曾祖父路易十四一手打造的法國王室威信。

然而，即使七年戰爭後，法國王室的威信大受打擊，但在法國境內，國王仍然握有實質的統治權力，令人難以在當時的法國政治中，發現人民的普遍意志有何主導力量。由此看來，盧梭提出假想的社會契約，並高舉普遍意志的重要性的說法，似乎便與實際上的法國人民經驗不符。若是如此，盧梭又為何要談論社會契約和普遍意志？

有關這個問題，在本書第二章裡其實有簡短提到。此即，盧梭談論社會契約和普遍意志概念的一個重要目的，是為了指出統治權力的正當性來源。在《社會契約論》裡，盧梭直言：「強力不能產生權利，而服從的義務，則是對應於正當的權力而來。」（SC, 53）就這句話來說，盧梭的意思是，即使某些人天生擁有較強大的肉體或心靈力量，而可迫使他人服從，但這種服從是違背人們意願的產物。因此，存在於這些人之間的，便只能是支配者與被支配者的關係。他說：

> 慴服雜眾和治理社會兩者有相當大的區別。若一人成功奴役眾多

> 殊異的個體，無論被奴役者有多少，奴役者與被奴役者之間僅可能是種主奴關係，而非人民與治理者的關係。在這關係中組成的便僅是種聚合，遑論結社，因在他們之間既未有共善，也未有政治共同體存在。這樣的個人，即使他奴役了半個世界的人，他仍然只是個孤立的個體；而他的利益，則始終和他人的利益分離，並永遠只是關乎自己一人的利害而已。（SC, 58-59）

如此說來，縱使一個人能夠憑藉強力奴役他人，這個人終究只是個孤獨的個體。在他與其他人之間，沒有社會、沒有公共整體，也沒有人民、民族的存在。換個角度來說，一旦這個憑藉強力奴役他人的人，失去了他所擁有的強大力量，在他與其他人之間存在的支配關係，便將被毀棄，而他則終將被眾人推翻。

不過，回到十八世紀的法國社會處境來看，路易十五雖然在對外戰爭中接連失利，並帶給了國家龐大的戰爭負債，他的統治卻也沒有被當時的法國民眾所推翻。如此說來，若我們以盧梭的觀點來看待這件事，法國民眾之所以沒有推翻路易十五，理當是因為他的統治不是單純憑藉強力，而是具有其正當性。換句話說，路易十五擁有的不是單純的統治權力（power），而是統治權利（right）。

在此，盧梭於《社會契約論》裡，其實沒有否認國王可以擁有正當的統治權。延續格老秀斯（Hugo Grotius, 1583-1645）的觀點，盧梭認為「一個民族是可以把自己交付給一個國王的」（SC, 59）。[4]換句話說，國王的統治未必僅是憑恃武力維持，而可能是經過民族群體的認可，並由此具有正當權力要求人民服從。不過，若國王的統治權是透過一個民族群體的認可與交付而來，那在這之前，一個民族群體勢必早已存在。由此說來，盧梭之所以談論社會契約和普遍意志，便是為了說明民族群

[4] 格老秀斯是著名的荷蘭法學家。盧梭這裡援用的文句，是出自格老秀斯《論戰爭與和平的法則》（*On the Law of War and Peace*）一書。

體是如何產生，並解釋主權不屬於國王，而是屬於這個民族的人民全體。

然而，我們雖然能從法國民眾在路易十五失去王室威信時未將其推翻一事，來推測他的統治應該還具有正當性，但這樣的說法，似乎不具有充分的說服力。因為民眾之所以沒有推翻法王，很可能是因為他們沒有發現路易十五擁有的力量正在消逝，而非認為法王的統治符合普遍意志。對此，若反過來從民眾的處境來看，我們其實可以藉由盧梭的觀點，為當時法王擁有的正當統治權力做些解釋。

簡單來說，透過社會契約組建社會、形成政治共同體之後，生活在這社會裡的每個人，他的自由便受到國家的法律規範保障。而這樣的一種公民自由，作為法律規範保障的對象，就是我們一般所說的「權利」。若就盧梭的《社會契約論》來說，他是透過比較「占有」（occupancy）和「財產權」（property）之間的差異，來說明人是如何在社會中享有權利。關於占有，盧梭認為，這是指個人在自然狀態裡，憑藉自身的力量來保有事物的狀態。只是，如前面提到，在自然狀態裡，人們雖然可以藉自己的力量，保有經過勞動取得的各種事物，但是當遇上力量比自己更強的人的時候，這些事物便可能被奪走、占據。相對來說，在訂立社會契約、建構國家之後，人們便可透過國家權力的保障，享有透過勞動合法擁有事物的權利。而這樣的權利，也就是所謂的財產權（SC, 65-66）。一旦有人侵奪、損害他人的財產，國家便可依照法律行使權力，懲處這些侵奪、損害他人財產的不肖之徒。

由此看來，在社會之中，國家對於個人自由的保障，便關係到個人財產和個人相關權益的保障。而所謂的個人權利，概括來說，就是指這些在法律規範下，受國家權力保障的個人自由、財產和利益。在此，國家權力的正當性既是源自於社會契約，那麼，人民的普遍意志自然就是主導國家應該如何行使公共權力，來保障個人自由權利的最高依據。

說到這裡，如果我們接受這套關於國家權力和個人權利的觀點，路易十五之所以在王室威信低落的時候，還未被推翻，便可能是因為他尚能保障人民的自由與權利。換句話來說，能不能確實保障人民的自由權利，便可以是我們判斷統治者，是否是按照社會契約以及人民的普遍意志進行治理的一項旁證。從歷史的後見之明來說，在路易十五因病駕崩後，接替王位的路易十六便正是因為未能成功保障人民的自由、財產和利益，而最終喪命於共和革命者的手中。[5]

## ◆（三）正義與德行

經由上面的討論，關於「為何要有普遍意志」這個問題，我們大致可以簡單回答說：這是因為普遍意志，作為眾人相互訂約所呈現的公共意向，是主導國家與社會應該如何保障個人自由與安全、權利與利益的最高依據。不過，除了個人的自由與安全、權利與利益之外，在盧梭筆下，普遍意志之所以重要，另也和我們在第二章提到的公眾的道德生活有關。

對盧梭來說，人民的普遍意志既然是主導公共生活的最高依據，那這個意志便應該總是朝向公共整體的利益，而非特定個人或特定團體的私人利益。正如我們在第二章提到的，盧梭將人民的意志區分成總意志和普遍意志兩種。就前者來說，總意志是國家之中每個個人、每個群體的私人意志加總起來的結果。如果說國家中只存在兩個群體，而它們各自的意志南轅北轍、彼此矛盾，那麼由它們私人意志加總起來的結果，便將會是沒有具體內容的空洞意志。但如此一來，國家將會因為沒有可以遵循的普遍意志，而無法正當的行使公共權力。不過，如果兩個群體

❺ 繼七年戰爭之後，法國王室也在美國獨立戰爭期間，援助美國殖民地軍隊、軍械與物資。然而，長年累積下來的鉅額戰爭債務，最終迫使路易十六必須召開三級會議，尋求貴族、教士和平民的資金援助。不過，由於貴族和教士階級享有諸多的免稅特權，能夠透過增稅來援助國家財政的對象，只剩下平民階級。趁著王室急需資金的機會，平民階級便積極爭取更多的政治權利，期望能夠增加自身對於公共事務的影響力。但過快、過急的改革要求，招致王室和保守政客的大力反對。而王室的反對，亦激起了民眾的反彈，最終造成法國境內出現了武裝革命。見Lefebvre（2001, 93-174）。

的私人意志兩相抵銷之後，還能夠存留下朝向共同利益的公共意向，那這個公共意向便將會是指引國家權力的依據。

例如，當一個班級只存在兩個大團體，且這兩個團體的人數相當，那麼，這兩個團體分別表現出來的特殊意志，便沒有哪方必定能夠勝出。因此，當大家在決定班遊要去哪裡的時候，若其中一個團體說要出國，另一個團體則說要去偏鄉，這兩個團體之間便不易形成共識。如果想要出國的那方是為了追趕偶像劇場景，而想要去偏鄉的那方則是為了關懷偏鄉社區的生活環境時，這出於不同偏好考量所產生的兩種意志，就會發生衝突。在這個時候，若沒有班導或其他人武斷地做出決定，大家雖然可以像仁明鎮鎮長那樣訴諸投票，但是要在人數相當的兩個團體之間，透過投票產生多數決，仍會是件難事。

由此看來，盧梭談論普遍意志的另一個用意，便是想要強調，如果在組建社會之後，人們無法再秉持心向公眾的態度來面對各種公共事務，那國家權力便容易淪為私人團體、黨派競奪的對象。盧梭表示：

普遍意志之為普遍，不在於投票的人數，而在於連結他們的共同利益。因為在普遍意志主導的體制下，每個人都必須遵照他自己加諸於其他人身上的限制。而這種利益和正義的結合，便使得社會的決議具有平等的精神。（SC, 76）

換句話說，普遍意志之所以不只是個關乎利益考量的人民意志，且與公眾的道德生活有所關聯，便是因為如果眾人無法達成共識、確定共同利益，國家權力的運作便將陷入危險。更為重要的是，維繫政治共同體的公共精神，亦將因此淪喪。

此外，就上段引文進一步來說，普遍意志除了因為和人們的公共利益有關而具有一種訴求公共德行的內涵外，它還與另外兩種道德觀念有所關聯。此即人的自律（autonomy）能力和人類社會的正義（justice）。

首先，就人的自律能力來說，在盧梭筆下，這和社會契約的產生有關。前面提到，在相互訂約、組建社會之後，人們原本擁有的自然自由，便轉變成為受法律規範保障的公民自由。然而，這個經由訂約結成社會的過程，也是每個參與社會的人，替自己原有不受拘束的自由，設下限制的過程。在此，盧梭認為，這種自我設限能力的展現，其實是「人真正成為自己的主人」的過程。這是因為在自然狀態裡，人多是憑情感慾望衝動行事，而為自然的奴隸。但是當人為自己立下了法則並依此行動時，人便展現了一種自我約束、自我教化的能力，進而能夠和自己的慾望抗衡（SC, 65）。依此說來，當人們經由訂約形成普遍意志後，這個普遍意志誠然已是主導公共生活應該如何運作的最高依據。只不過，當人們受這個意志，以及由它產生的各種規範約束時，他們其實也是為自己的意志所約束。

其次，就人類社會的正義這點來說，其間涉及的課題即與神立下的普遍法則和人類社會的國家法律之間的差異有關。和馬勒伯朗士一樣，盧梭同樣認為，規定世間萬物如何運作、生滅的普遍法則，是由神所創制。他甚至說：「一切的正義都是來自神，因為神是正義的唯一淵源。倘使我們能夠直接承接這個泉源，那我們就無須有法律和政府了。」（SC, 80）換句話說，出於神的正義，便是符合世界秩序的自然正義。在這個正義的神國裡，所有事物各居其位、各安其分。如此一來，只要人能夠充分認識由神立下的普遍法則，那麼人就能按照自然的正義來生活、行動。但遺憾的是，人總是無法掌握神創制的普遍法則，只能透過自身有限的理性來積累關於正義的知識。不過，正因為人能夠立下法則、自我約束，在社會裡，人們便可以透過公共的普遍意志，來實行世間的正義。說到這裡我們便可知道，和普遍意志相關的另一個道德觀念，便是如何在社會中透過普遍意志主導的法律規範，公平、公正地實行正義。

若統整一下我們剛剛所討論的，在盧梭筆下，普遍意志概念之所以和公眾的道德生活相關，便是因為：（1）公眾必須養成關注公共利益的德行，才能有助普遍意志主導國家權力的運作；（2）普遍意志作為主導國家權力運作的最高依據，是個人自律能力的展現；（3）普遍意志作為主導國家權力運作的最高依據，必將公平、公正地在社會中實行正義。

不過，讀到這裡，本書的讀者或許會產生如下這般的疑惑：「若說公共德行的養成和正義的實行，與一國公民的道德生活有關，還說得過去，但個人的自律能力又為何和公民的道德生活相關？」如果讀者讀到這裡有了這個疑惑，筆者的回應大概便是：這是因為，當盧梭把普遍意志看作是個人自律能力的展現時，他即翻轉了當時歐洲社會對於神與人、國王與人民之間關係的理解。

如我們前面提到，十七世紀的法國神學家與知識分子基本上是把普遍意志，看作是神所擁有的一種意志。即使在孟德斯鳩闡述下，普遍意志有三種不同的表現形式，但這個意志仍然被他視作是最終歸屬於神的事物。另一方面，自中世紀以降，歐洲國王在加冕時，習慣上都必須蒙受基督教祭司的祝禱。而祝禱在此所具有的象徵意義，則是為了強調王權的統治獲得了神的應允與祝福。然而，當盧梭說普遍意志不是神的意志，而是人透過自律、透過自我立法產生的人民意志時，他便把王權的統治正當性來源置換為人民，而非神。由此說來，當盧梭強調人民的普遍意志和人的自律能力有關時，他所將促成的，便是把人民從王權、神權政治的統治裡解放出來的大革命。

# 第五章

# 普遍意志的「共通性」為何？

在上一章，我們談到普遍意志之所以重要，基本上是因為普遍意志是人們訂立社會契約之後，主導國家權力應如何平等地保障個人的自由與安全、權利與利益的最高依據。另一方面，就普遍意志和公眾道德生活之間的關聯來說，普遍意志之所以重要，是因為它是人民脫離王權、神權政治的依託，並且是敦促人民養成公共德行、讓正義能在國家社會中實現的依據。不過，我們雖然就「為何要有普遍意志」這個問題做了些討論，但關於普遍意志本身的內容，前述的說明其實尚未充分。當然，在前述的討論裡，我們說過普遍意志和總意志不同，因為普遍意志總是關切公共的利益。但是在國家社會裡，這個總是關切公共利益的意志，具體來說究竟是指什麼？對於這個問題，我們將在本章討論。

前述提到，普遍意志的首次出現，是眾人都心向公共，並將自己的一切都交給公眾安排的時候。此時，作為主導國家社會應該如何運作、如何發展的普遍意志，便是來自參與社會契約的人們所分享的共同意向。更具體地來說，既然眾人是為了尋求自由與安全、權利與利益的平等保障，而相互訂約、組建社會，這尋求平等保障的共同意向，便是普遍意志第一次出現時所具有的內容。

不過，如果我們認為，只要有了這個尋求平等保障的共同意向，人們就能永遠為了公共利益合作，那也太過天真。在盧梭描繪的人類社會演進史之中，人們在做成社會契約之前，其實都是孤身一人在自然狀態裡求生。此時，人們為了一己的生存和虛榮，往往會相互競奪天然資源。在這樣的處境下，若想要將人們聚集在一起，商議共同生活的目標，從而組建社會、建構國家，著實相當困難。尤其，就算彼此不認識，甚至互有恩怨的人們最終達成了共識，並都願意接受社會契約、參與公共生活，但在那之後，如何確保所有人都會一直遵守約定而不會突然反悔，便是個難解問題。

就此說來，人們之所以會遵循國家社會的法律規範，就是因為主導國家權力的根源，正是人民的普遍意志。而在眾人相互訂約、組建社會之後，如果有人反悔，想要背棄原本的約定，那其他人便可按當初眾人共享的普遍意志，以及出於這個意志所訂下的法律規範，來強迫這個人遵守原訂契約。只不過，人們既已在自然狀態裡習慣為自身的生存虛榮著想，一旦周遭環境發生了變化而讓人們覺得無須再遵守契約，那麼迫使人們遵守的情形，便容易變得頻繁起來。只是，如此一來，國家社會的運作將會變得不穩固，而有瀕臨崩解的危險。也就是說，要確保政治共同體的存續，單靠國家的公共權力來迫使人們遵守社會契約，是遠遠不夠的。

以前述神龍縣仁明鎮的例子來說，能夠順利舉辦一年一度的祭祖大典，顯然是整個鎮應該要優先考量的公共利益。然而，就各里的發言來看，部分里長和里民其實只想到自己的利益。由此看來，雖然國家可以透過公共權力，強迫人們遵循法律規範，但實際上，人們仍然可以在不違背法律規範的前提下，只關心私人利益而忽視公共利益。所以，若要讓總是關注公共利益的普遍意志，能夠持續主導國家社會的運作，我們便不能單純仰賴公共權力和法律規範的強制力，而必須還要有其他助力，敦促人們重視公共生活的意義。具體來說，這些其他助力，包含了「共同的家園」、「共同的生活方式」和「共同的目的」。

### ◆（一）共同的家園

前面提到，根據盧梭的設想，人們在自然狀態裡生活時，總是會優先考量個人的生存利益。不過，在自然狀態裡，除了孤獨的個體外，唯一一種算得上是群體生活類型的，便是男女出於天生慾望的驅使，經繁衍後代、共同生活所組成的家庭。對盧梭來說，這種單純受慾望驅使而產生的天然結合，不是一種穩固的群體生活方式。因為在自然狀態裡，人「一旦到了會運用理性的年紀，就會自行判斷維繫自身生命的適當方法，而成為自己的主人」（SC, 50）。換句話來說，當小孩的心智年齡發展到一定階段後，他們便會有想要脫離父母庇蔭的念頭，而希望獨力求生。不過，盧梭所沒有否認的是，某些民族的出現，正是以這種天然結合的家庭生活為基礎。

在談到什麼樣的民族較適合基於社會契約，施行自由且平等的法律時，盧梭表示，這必須是個「已經因為種源、利益或倫常而團結一致，但還沒有受到法律管束」的民族（SC, 95）。然而，如果說有些民族較適合基於社會契約，施行自由且平等的法律，這也就意味著，有些民族並不適合如此。那麼，這後一類民族是怎麼出現的？

簡單地說，這些民族是從人們自然狀態的生活處境演變而來。上一章提到，在自然狀態裡，某些人可能仗勢自身的強大力量支配他人。但這樣產生的群體，不是政治共同體，而只是支配者與被支配者的關係。在這，若我們細察盧梭對於家庭生活的描寫，就會知道有一種民族並非經由社會契約產生。他說：

> 在所有社會中最古老且是唯一自然的社會型態，便是家庭。但孩子依附父親，也只限於需要他保護的時候。一旦不復有這需要，天

然的結合便會消失。當孩子不再需要服從父親，而父親也不再需要照料他的小孩，他們便是平等且獨立的。若他們仍然結合在一起，這結合也不會是出於天然，而是出於選擇；那時家庭的維繫，便全賴他們彼此的同意。（SC, 50）

乍看之下，盧梭在此談論家庭的重點，似乎是為了強調天然結合和同意結合的不同。也就是說，他想要強調，即使是家庭這種天然結合的生活型態，到了一定的階段，便也是經由家庭成員的彼此同意，才可持續維繫。而此時，經由同意延續的家庭生活，就和基於社會契約形成的公共生活相距不遠。

不過，盧梭在談論家庭生活的這段文字裡，其實留下了一個有趣的線索。當他說小孩不再需要父親保護，天然的結合便會消失時，這裡留下的但書是：「沒有需要，天然的結合才會消失。」除此之外，如前提及，盧梭認為小孩的心智年齡成長到一定階段後，便會有自己的判斷力，而會離開父母。不過，這裡隱含的另一項但書則是：「小孩的心智年齡能成長到具自行判斷能力的階段。」換句話說，如果小孩未能發展出自己的判斷力，又依然有被父母保護的需要，那這種無須透過同意產生的天然結合，便會持續下去。而環視我們今日身處的社會，確實有許多孩子，雖然生理年齡已達二十、三十歲，且身心一切健康良好，但卻依然仰賴父母的照料。

當然，盧梭這段話的原意，非是為了強調家長對小孩的支配必然是正當且良善的，而是為了指出家庭的構成方式，除了天然結合外，還有同意結合這一類[6]。就此說來，如果我們接受盧梭的觀點，在這種天

[6] 這種認為家長對小孩的掌控與支配總是正當且良善，而為上天給予家長的權利的觀點，容易導向家父長制（patriarchy）。在這裡，所謂的「家父長制」是指以男性家長為中心所產生的統治結構。更明確的說，這是以男性的價值觀為中心，決定如何使用集體權力的一種政治社會狀態。就此說來，盧梭既重視人的平等與自由，這種政治社會狀態與統治結構，顯然會為他所反對。

然結合的家庭裡，似乎便不會有普遍意志存在。這是因為在這種天然結合的社會生活型態裡，無論是父母或是小孩，都只是遵循自己的本能而活。就父母的立場來說，他們是出於繁衍的本能而生育後代，並在生養後代之後，出於為人父母的天性而習慣保護、憐愛自己的孩子。就小孩的立場來說，自出生便受到父母的照料、保護，自己的本能需要便可因此不斷獲得滿足。當這些父母和小孩只是依循本能而活時，他們便不會運用自我立法的能力，以自己的力量和意志來約束自身言行。

在此，我們可以舉一個反例來說明。當一個班級為了確保班級活動能順利運作，而自行制定班規時，這些班規作為全班同學共同討論出來的結果，便是大家為了不讓自己做出不利班級活動的行為，而用來約束自身言行的規範。不過，這種班級班規的討論之所以可能，是因為班裡的每位同學原則上都是平等且自由的，沒有人需要仰賴他人的保護。與此同時，這些學生顯然也知道，在某些情境下必須設法約束自身言行、展現自我約束的自律能力。與這些班級學生相比，在前述那種天然結合的家庭裡，孩子既然需要家長的保護，這便意味著家庭的維繫，會是以家長的意志為主導。那麼，在父母和小孩之間，自然就不會產生社會契約和普遍意志。

不過，若某些天然結成的家庭可持續長存，由這種家庭類型產生的民族生活，便可能既不是按照單純的強力，也不是單純按照自願同意產生。事實上，當我們跳脫盧梭的理論設想，改從人類已知的歷史來看，多數民族其實都是循著家庭、家族、部落、村落、市鎮、城鎮、邦國、王國、帝國這樣的社會演化過程發展。就此來說，以社會契約為基礎產生共同體的方式，其實和人類的歷史經驗不盡相符，而更近似於單純的理論設想。

順此，如果一個民族是以家庭生活為基礎產生，那麼，生活在這個民族群體之中的人們，便容易會對自己生活的地域，自然而然發展出一種家國情懷。舉例來說，如果在蒙古漠北草原上，有一個民族是以具有親戚關係的四大家族組成，那這個民族生活的地域，對於這些遠近親戚來說，即是他們自幼生長的家園。而這個家園作為這些人共享的生活場域，便會是他們傾盡全力所想要保衛的故土。換個角度來說，人們共同享有的家園，往往是從地理情感上凝聚眾人為一體的重要支柱。

### ◆（二）共同的生活方式

進一步來說，當人們以共同的家園為基礎，歷經長久互動產生出某種獨特的生活方式時，原本單純以「父母—小孩」之間的本能需要形成的群體生活狀態，便有了變化。這是指當家庭、家族的規模日漸擴大，共同身處一地的人們之間，就容易產生與親子關係無關，或與親子關係間接有關的其他各種人際互動關係。舉例而言，若一個家族在一地共處且是四代同堂，並從第二代起每代有八個小孩，那麼，這個家族的總人口數，約略估計便可達到五、六百人（2+8+8×8+8×8×8）以上。此時，雖然在這五、六百人之間，總可按照家譜辨識出彼此的親屬關係，但這名義上的關係和親子之間的直接需要關係相比，則未必足以使這大家族的生活型態延續下去。在這大家族裡，家庭成員之間的直接需要關係既然薄弱，一旦他們有了渴望受到尊重、受到推崇的心態後，在這些家族成員之間，就反倒可能蔓生出怨懟與仇恨。

不過，如果說這個大家族並非只是仰賴名義上的親屬關係來維持群體生活，而更發展出某種專屬於他們的生活方式，那麼，這為他們所共有的生活方式，便可望成為一種有助他們凝聚為一體的重要力量。例如，對居住在海邊的民族來說，掌握天象與海象、出海捕魚，便是相當重要的生活技能，並且也是族人共有的生活方式。同樣地，對居住在山上的民族來說，暢行遊走於山地林地、尋跡狩獵，便是族人共有的生活方式。而這種種為了維生、因地制宜產生出來的生活方式，便可能成為一個家族、村落建立社會規範的基礎，而有助群體生活的穩定與維繫。

正因如此，和孟德斯鳩一樣，盧梭也注意到這些凝聚眾人為一體的生活方式，是國家法律所應當致力維護、保障的對象。他說：

除了各民族共通的原則外，每個民族往往會出於不同的理由，以不同的方式採納這些共通原則，從而使他們的法律只對自身適用。例如，在古時的猶太人，以及近代的阿拉伯人，宗教是他們關注的主要對象；對雅典人而言則是文藝；對迦太基和提爾而言則是商業；對羅德島人而言是航海業；對斯巴達人而言是戰爭；對羅馬人來說則是公民德行。（SC, 97-98）

於是從公共生活的角度來說，法律規範便不應扭曲、干預人們的生活方式，而是必須以這些生活方式為本，打造出適合但又有助改良風土民情的社會體制。換個角度來說，生活在不同地域的人們，多會因為自然環境的差異，發展出不同的生活方式。而若我們拿法律規範，來和這些人們自然發展出的共同生活方式相比，後者則往往更能突顯出人們的共通性。

## ◆（三）共同的目的

談論到這裡，我想我們可以發現，能夠在法律規範之外使人不致忽略公共利益，而讓普遍意志可以持續主導公共事務的助力，尚且還有眾人共享的家園和共有的生活方式二者。換個角度來說，只要人們共享的家園和共有的生活方式，對他們持續具有意義，那便總會有共通的事物與力量，能夠促使他們關注公共利益。所以說，雖然在盧梭的描述下，普遍意志的首次出現是在人們心向公共、彼此訂約的時候，但我們若從人類的歷史經驗來看，一個民族共有的家園和生活方式，往往是實際凝聚眾人為一體的重要力量。

就此來說，盧梭本人其實如我們之前提到的，對於一個民族的生活方式與風土民情相當重視。不過，如果說人們共享的家園和生活方式，才是凝聚眾人為一體的根本，那這是否意味著政治共同體不用透過社會契約，只需透過延續、擴展家庭這樣的天然結合，便能夠產生？進一步地說，如果公共意向的產生與維繫，不必以一種平等且自願的方式進行，而只需要透過自然的家族擴張便可落實，那麼，盧梭提出、發展社會契約論和普遍意志概念的工作，是否便只是多此一舉？要回答這些問題，我們須再次回到人們在訂約過程中形成的公共意向本身來做討論。

我們曾經提到，盧梭運用的自然狀態、社會契約等概念，是種理論設想。換句話說，這些概念之所以出現在《社會契約論》之中，是盧梭為了架構一套理論而用。那麼，這套理論是什麼？首先，這套理論當然和統治權力的正當性來源有關。我們談過，當盧梭把統治權力的正當性，安放在人民的意志之上時，他翻轉了歐洲十七、十八世紀以宗教論述為基礎而形成的統治關係。其次，這套理論也和「人生而自由且平等」的觀念有關。在盧梭設想的自然狀態裡，人們雖然必須獨力面對外在威脅求生，但人們此時卻是自由且平等的。

由此說來，當盧梭運用自然狀態、社會契約等概念，來描繪人類社會的演進過程時，他所做的其實是去傳遞、散播「人生而自由且平等」

的這項價值。在今日，我們或許會認為這項價值稀鬆平常，但若我們仔細審視自己身處的社會環境就會發現，從盧梭的時代至今，這項價值還未曾在任何一個人類社會裡，被具體、完善的落實。所以，當盧梭說，生活在自然狀態裡的人們，能夠透過彼此訂約，組建社會、建構國家時，他正是透過一種理論設想，去勾勒出眾人所應追求的目標。也就是說，如果人們都像盧梭描繪的那般，是生而自由且平等的，那人們理當能夠透過自我立法，合力推翻不自由、不平等、不正義的國家體制，建構一個由人民的普遍意志所主導運作的新國度。

不過，當我們跳脫出盧梭的理論設想，並將目光轉向政治現實時，我們就會發現，人民的普遍意志實際上不只是指眾人共同期盼能夠實現的某種意向，並且和眾人共享的某種實質目的也有關係。當人們為了自己的自由與安全、權利與利益，而期望獲得社會力量的平等保障時，此時人們所共享的這個尋求保障的意向，從個別角度看來其實只是單純為了自身。然而，如果說生活在自然狀態裡的人們，是在接納彼此，並將自己全部交付給公眾之後，才會在他們之間形成公共關係，那麼在這個「總是關注公共利益的普遍意志」和「人們願意參與訂約的個人動機」之間，便明顯存在著差距。換句話來說，既然每個人當初願意參與訂約的出發點，是為了自己，但共享普遍意志的每個人卻必須是以公共利益為首要目的，那麼，個人是如何在這之間，從單純為己轉向致力落實公共利益的考量，便是個問題。

就這個公共意向和個人動機之間的差距來說，除了前面談過的共同家園、共享的生活方式與公共德行外，盧梭在《社會契約論》裡，其實為我們留下了另一個化解的指引。他說：

> 普遍意志，若想要成為它所應該成為的樣子，就不僅必須在源頭上是普遍的，而在目的上也必須是普遍的。這便是說，它必須是出自於全體，而又適用於全體。當它傾向於任何特殊、限定的目的時，它便將失去了它固有的公正……。（SC, 75）

就這段文字看來，盧梭明顯將普遍意志的組成切分為二。一個部分是普遍意志的源頭，也就是我們前面談論過許多的，當人們在訂立社會契約時所呈現出來的共同意向。另一個部分則是普遍意志的目的，也就是我們時不時談到的，當人們接受他人、心向公共時所關注的公共利益。

就源頭的部分來說，這是指普遍意志的起源，是每一個參與社會契約的人都有的，那期待獲得社會力量保障的意向。就目的的部分來說，這是指普遍意志關注的公共利益，是每一個參與公共生活的人，都同意自己和他人皆能從中平等地享有對等的利益與權利。當每個人都想要獲得公共力量的保障時，他們確實會因而分享共同的意向與期盼。不過，如果訂約的過程裡，有人不認為他人的自由權利，同樣值得被公共力量所保障，那麼在這群人之間就不容易形成公共生活。此外，如果人們在國家社會已經建立之後卻失去了共同的目的、不再共享對等的利益目標，那普遍意志便將淪為一個單純的意向；而失去公共精神的國度，便將會像是個失去靈魂的生物一樣，只能空虛地維持自身的存在。

總括來說，普遍意志的公共性質是源自於：（1）這個意志是否是每一個人都有的意向與需求，以及（2）這個意志指向的目的和利益是否適用於所有人，而無排他性或圖利特定對象的情形。

如果要舉個例來加以說明，那麼我們可以想像一下，當一個社區舉辦住戶大會，而且必須討論汰換社區內老舊燈具的問題時，與會住戶可能會從自身利益的考量發言，而非公共利益。像是甲住戶可能說：「因為工作的關係，我一年在這裡待的時間，也不過一、兩個月，汰換燈具的事，我想就不用了。」另一方面，乙住戶則可能說：「我自己是做水電裝潢的，社區的燈具確實已經太老舊了。不僅太耗電，平白增加公共電費支出，時不時故障又會讓社區內有治安死角。我想不然就讓我來做，簡單跟大家收些耗材、工本費就好。」在此，就乙住戶的發言來說，他雖然關注公眾的需求，但他也同時將自身的收益考量，帶入了他討論公共議題的過程裡。

進一步地，如果住戶大會最後決議採納甲乙兩位住戶其中一位的建議，那麼這樣的決議都未必能符合盧梭對普遍意志的界定。就甲住戶的發言來說，他明顯只考量個人利益；而就乙住戶的發言來說，他雖然提到公共需求，但他的附帶建議，卻未必符合社區的整體利益。這是因為如果找其他水電師傅來承接包案，會比起讓乙住戶來做更省錢或更有保障，那麼，乙住戶便只是想趁著大家表現出一個公共需求或意向的機會，增加個人的收益而已。也就是說，在乙住戶設想的公共目的裡，眾人所將能夠分享的利益與福祉並非是對等的。說到這裡，我們可想而知，即使人們有共同的意向與需求，但如果他們期盼實現的目的不是平等適用於每一個人，那麼，如此產生的意志便未必會是普遍意志。

如此說來，從歷史的角度來看，所有民族都可能是透過天然結成的方式產生，而非透過社會契約。但即使如此，盧梭提出的社會契約概念，卻仍然具有指引現實政治的作用，而不單只是個理論設想而已。確實，人們往往會因為共同生活在一地，而會為了保衛共同的家園、守護眾人的生活方式而合作。但這些共通性，仍舊無法在天然結成的共同體裡，為每個人的自由權利提供平等的保障。這是因為，如果一個民族是透過天然結成的方式產生，那麼這所謂天然的結成便是從家庭家族的家長制度演變而來，如此一來，在這個共同體之中，家長或族長便容易擁有主導公共事務的最高權力。換句話說，在這樣的共同體裡面，人們無法平等享有自由權利。而盧梭的社會契約概念之所以重要，便是因為在自然產生的共同體裡，人們往往不是自由且平等，但透過社會契約這個概念，人們便能接觸到「人生而自由且平等」這項價值觀，進而有機會建立一個以普遍意志為主導力量的自由平等國家。

第六八章

# 普遍意志如何呈現？

現在，經過前兩章的說明我們應該已經知道，在盧梭的闡述下，人民的普遍意志為何如此重要，以及這個意志涵蓋的內容大致有哪些。從本章開始，我們將從不同面向切入，去探討普遍意志在現實政治中的運作狀況。而接下來率先要討論的就是我們究竟可以在國家、社會中的什麼地方，發現人民的普遍意志？

## ◆（一）社會契約

首先，就盧梭的描述來說，經生活在自然狀態裡的人們，彼此訂約而形成的社會契約，即是普遍意志第一次明確出現的地方。如前述提及，當人們在訂立社會契約的過程裡，願意把自己的一切全盤交付給公眾，並心向公共利益時，在這群人之間呈現出來的共同意向便是普遍意志的雛形。

不過，如果說普遍意志是伴隨初始社會契約的實現而得以呈現，那麼，對於在國家社會已經創立之後才出生的人們來說，這個契約與其中所呈現的意志，是否能被他們所接受便是一個疑問。換句話來說，若社會契約是先人做成的一次性訂約，那這個約定對後代子嗣是否同樣具有約束力，便有待釐清。此外，如我們前面提到，自然狀態、社會契約等概念是盧梭用來架構、發展他的人民主權理論所提出的理論設想。因此，雖然盧梭的理論具有指引現實的作用，但是在人類歷史中是否真有人透過和他人訂約，才得以脫離自然狀態，組建社會國家、享有公共生活，仍有待我們考證。

面對這些疑惑，我們可以根據前述提到過的盧梭觀點來做些說明。首先，雖然普遍意志的首次出現是在人們心向公共、做成社會契約的時候，但普遍意志的呈現，不會因此被限制在這假想的原初社會契約之上。簡單來說，這是因為普遍意志雖然可以透過人們的相互約定而呈現，但這個意志卻並非是原初的社會契約所有，而是歸屬於同時經由人們的相互訂約，所產生的公共整體所有。換句話說，這正如我們早已知道的，普遍意志照理是歸於「人民」所有。正因如此，只要人民存在一天，普遍意志便會持續存在，而不會只出現在首次的約定之中。由此說來，普遍意志既然會隨人民長存，那麼對於後代子嗣來說，普遍意志是否仍會具有約束力，便取決於這些人是否接受這個意志所擘劃的公共利益。無論明示默示、先人後人，只要他們接受這些公共利益，普遍意志便具有約束力。

不過，我們雖然可以說，因為普遍意志是人民所有，所以只要人民存在，普遍意志就會存在。但若就人們身處的現實情況來看，在國家社會中存在的，似乎總只有各黨各派、各類群體個人的私利考量，而難以發現總是關注公共利益的普遍意志的蹤跡。這麼說來，如果盧梭的人民主權理論和現實經驗不符，我們又為何需要接受他的理論？

盧梭的人民主權理論之所以重要，又或者說，我們既然在現實生活中不易找到普遍意志的蹤跡卻又需要將這個意志看作是主導公共事務的最高依據的原因，簡單來說，便在於我們如此採取的立場與態度，關係到「人生而自由且平等」這項價值理念。如我們前面提到，當盧梭把普遍意志視為是人民所有，而非神所擁有的意志時，他所動搖的，是當時籠罩在基督教信仰之下的整個歐洲。至於盧梭的理論為何有如此力量，這便是因為他在《社會契約論》裡傳遞的「人生而自由且平等」的觀念，直接打在了自中世紀以來廣泛在歐洲各國施行的社會等級制度的軟肋上。

以十八世紀的法國來說，整個社會從上到下可以分為王室、貴族、教士、軍人、地主、社會菁英、商人、工匠、農民、賤民、奴隸等不同身分階級。而在這些身分階級中實際上有權主導國家事務的，往往只有王室、貴族和教士。由此看來，縱使我們可以推測，路易十五之所以沒有被人民推翻是因為他尚能保障人民的自由、財產和權利，但在這樣一個階級劃分明確的社會裡，我們仍難以保證，國家提供的各種保障能夠確實適用於所有人。對此，盧梭當然清楚知道他提出的價值理念和現實生活中的政治經驗不盡相符，甚至於我們可以說，他之所以提出這樣一套理論，正是為了要去突顯這之間的差距。

換句話說，盧梭所嘗試去做的，本就不是要提出一個和現實經驗相符的歸納觀點，而是想要向大家傳遞、宣揚「人生而自由且平等」這項理念。一旦我們能夠掌握到這個重點，那麼，雖然我們在現實生活中，未必總是能夠找到普遍意志的蹤跡，但這個意志，作為一個總是關注公共利益的人民意志，它象徵的其實是一個價值、一個值得我們邁步趨近的理念。進一步來說，作為一個有關統治正當性的學說主張，人民主權理論其實不僅能夠協助我們判斷，執政者是否確實按照公共利益來立法施政。與此同時，這個理論也隱含了一項訴求，要求生活在國家之中的所有人，都應該去協助落實「人生而自由且平等」這項價值，從而以此為基礎，養成關注公共利益的公民德行。

不過，如果普遍意志尚未在現實生活中完善呈現，而是個有待我們努力發展、培養的公共意向，那這是否就意味著現行的所有法律規範與社會體制，都是不自由、不平等、不正義，甚至是不正當的？

## ◆（二）卓越的立法家

前述說到，若我們將社會契約看作是普遍意志呈現之處，至少會碰到兩個問題。一是「社會契約是否是初民的一次性訂約，而無法適用於後代子嗣？」另一個則是「社會契約作為一個理論設想，若和人類的現實經驗不相符合，那有何重要？」對於這兩個問題，我們已經做了簡短的回應。也就是，經由社會契約呈現的普遍意志，並沒有被限制在原初契約之上，而是歸屬於經契約所造的人民所有。進一步地，作為一個人民所有的普遍意志，它對於生活在現實世界的人們來說，便不僅是個有助維繫眾人為一體的共同意向而已，更是個有助指引人們應該如何前行的政治理念。

然而，如果說普遍意志具有某種象徵意涵而是個有待實現的價值理念，那這是否意味既有的政治生活都是有瑕疵的？或換個角度來說，既然普遍意志隱含了一項要求眾人都應該養成關注公共利益的德行訴求，那我們是否可以因此說，在眾人尚未具備公民德行以前，存在於當前國家社會之中的各種統治關係，都不具有正當性？

若我們回到《社會契約論》來說，關於這個問題，盧梭提出了一個名為「立法家」（the lawgiver）的角色來謀求解決。簡單地說，他認為在國家社會草創之初，必須仰賴具有過人智慧與洞見的立法家來擬定一國的根本憲法，確立政治社會的整體架構。他說：「立法家，從各方面看來，都是國家之中的非凡俊才。這不僅是因為他的才智，更是由於他的職務。因為他的職位既不是政府首長，也不是主權所有者，而是個不在國家編制之內，卻負責創制國家的角色。」（SC, 85）在此，身為創制國家的人，立法家理所當然必須要具備非凡的見識與智慧。不過，立法家之所以為非凡人，不只是因為他必須具備相當才智，更重要的是他必須在人們尚未養成公共德行、通曉普遍意志之前，直接洞察人民應該享有的普遍意志其內涵，並以此為根本，將這普遍意志體現於他所擬定的憲法之中。

綜觀人類歷史，盧梭在這裡所提出的立法家，似乎在許多事例上確實曾經出現。像是猶太人的先祖摩西，便是以神的旨意為依託，向他的族人頒布了十誡，以作為規範整個民族的生活與信仰準則。除此之外，古代中國周朝的姬旦（又稱周公），據傳在助周武王、周成王滅商紂、平天下後，即制禮作樂，確立了周王朝的國家社會體制。據此說來，摩西和周公等人所做的工作，與盧梭描寫的立法家的職務似乎便相去不遠。尤其盧梭曾說，因為在國家社會草創之初，人們普遍未受過法律規範的教化，因此立法家為要使他立下的國家根本大法，能夠有效發揮作用並使眾人遵循，他往往便得訴諸更高的權威，像是神的旨意，藉以順服群眾（SC, 87）。於此，盧梭所描繪的立法家形象，與摩西就更為相近了。

說到這裡，若我們接受盧梭的解釋，即使人們尚未養成公共德行，也還沒有關注公共利益的習慣，但在立法家的努力下，國家社會的創立與其法律體制仍然可能合乎自由、平等與正義的理念。這是指立法家既然必須要有能力洞察人民的普遍意志，進而在他創制的國家憲法之中，具體落實這普遍意志的內涵；這也就意味著，經由立法家這樣卓越政治家之手所創制的憲法，便是另一個具體呈現普遍意志之處。

不過，如果說國家社會的根本大法是由立法家獨力所造，那麼我們是否還能夠說，在憲法之中呈現的普遍意志是人們自律能力的表徵？在此，對於這個問題的回應，將引領我們的討論進入第三個可能呈現普遍意志的處所。

## ◆（三）風俗文化

在上一章我們提到過，和孟德斯鳩一樣，盧梭在談論普遍意志時，亦相當重視人們共享的生活方式和公共生活之間的關聯。而無論是孟德斯鳩或是盧梭，在他們的討論裡也都提到，國家的法律規範應該遵循一個民族的生活方式來創制，而非嘗試去扭曲、干預風俗民情。由此說來，國家的法律規範和人民的風俗文化相比，似乎是後者更為根本、重要。不過，若我們把立法家創制的憲法，也拿來和人民的風俗文化相比較，我們將會發現兩者是同等重要，只是它們之所以重要的理由各不相同。

就憲法的部分來說，立法家之所以必須創制國家根本大法，說到底是因為一個國家若沒有骨幹，便無法維持它的生命。特別是在國家社會草創之初，眾人還未受法律教化，也還沒有養成良好的公共德行，此時，若沒有憲法的支撐，各政府機關所立的法，便容易淪為替私人利益服務的工具。像是在國民政府草創之初，憲法尚未完成、施行時，各地軍閥便往往假借國家的名義，隨意立法、壓迫民眾。不過，雖然說立法家創制的憲法是國家得以維繫所不可或缺的骨幹，但這部憲法並不是立法家憑空創造出來的東西。相對地，立法家在立法時，必然需要有可以依循的事物，才可因應民情立下適當的規範。而就盧梭的觀點來說，人民的風俗文化便是那讓立法家在立法的時候，能有所依循的對象。

誠如我們前面提到，盧梭認為，如果一個民族適合施行自由且平等的法律，那這個民族便該是「已經因為種源、利益或倫常而團結一致，但還沒有受到法律管束」。換句話來說，立法家應是在一個民族已經發展出他們特有的文化與價值羈絆時，才可以這些風俗文化為本，替國家立下根本大法。不過，立法家既然必須以各民族的風俗文化為基礎來進行他的工作，那麼，當一個民族尚未發展出自己的倫常習俗、風俗文化時，自由且平等的法律也就難以在他們之間出現。正如前面提到，未有風俗文化的天然民族，多半是種維繫家父長制的統治關係。

進一步來說，一個民族所擁有的風俗文化，其實正是普遍意志出沒的另一個處所。當我們在上一章提及，普遍意志無法單憑法律規範的強制力來維繫自身的主導力量時，我們便已經指出，人們共享的家園和生活方式是引領眾人關注公共利益的重要助力。由此說來，雖然人們在建立家園、因應環境營造自己的生活方式時，並不總是會像訂立社會契約那樣直接、明確地表露出自己的公共意向，但在這個建立家園、打造自身生活方式的過程裡，一個屬於這群人的公共生活，便開始在他們之間形成。

也就是說，既然人們能透過共享的家園和生活方式敦促大家關注公共利益，那麼，那個為他們所有而又總是關注公共利益的普遍意志，便可以透過這些人們共享的家園與生活方式呈現。誠如盧梭所說：「縱使立法家看似專務起草詳盡的法律條文，但這些條文其實只是拱頂的支架。因為通曉這一切的立法家深知，道德風俗雖須費時形塑，但這才是不可移易的拱心石。」（SC, 99-100）一個民族擁有的風俗文化，其實不只是個立法家參照的對象而已。就其風俗文化本身具有的意義來說，它所呈現的普遍意志，可能比那些憲法條文或假想的社會契約更為具體。

說到這裡，就「如果國家的根本大法是由立法家獨力所造，那是否便意味著人們未曾發揮自律能力」這個問題來說，我們便可從人們共享的風俗文化這部分來做回應。

簡單地說，人的自律能力可以有多種展現方式，而不是說只有直接參與憲法和法律的制定才算得上是自律能力的展現。當我們是透過社會契約這個概念來理解普遍意志是如何呈現時，我們或許會直覺認為普遍意志必然是經過人們主動、明確地表示同意才能呈現。為此，我們便容易以為只有主動且明確的意向表達，才可以算得上是人們自律能力的展現。

然而，正如前述提到的，盧梭認為道德風俗的養成遠比法律文字更為根本，那是因為道德風俗是人們最習於遵循的生活法則。例如在臺灣，許多人家中習慣在初一、十五的時候祭拜、祈求天公伯的保佑。當然，關於這個習俗的由來眾說紛紜。有人說，這是唐朝佛法東傳時引入的一種密教祭拜儀式；但也有人說，這是為了向自家居住地的土地公，祈求財利亨通、生意興隆的方式。不過，無論這個習俗是從何而來，作為臺灣的一種風俗文化，初一、十五要拜拜就是一個人們共享的生活法則。甚至於當人們無法如期或忘了祭拜，時常還會被長輩嚴加責備一番。由此看來，風俗文化雖然不是由人們主動、明確地表示同意才成為一種生活法則，但在日常生活中，風俗文化對人們言行舉止的約束力，卻是不容小覷。換句話說，道德風俗，或說風俗文化，其實不只是個表現普遍意志的處所，而且還是與社會契約、憲法相比，更為重要且更貼近人們日常生活的法則、規範。

如此說來，雖然人們未必能夠像立法家那般，具有過人的見識與智慧能夠獨力創制國家的根本大法，但人們的自律能力並不會因此失去了作用。因為，經過人們長久的交往互動所產生的風俗文化，其本身就是個規範人們言行的生活法則。不過話說回來，也正因為風俗文化是種貼近人們日常生活的社會規範，在很多細節上，它的具體內容往往會含糊不清，而有待人們的詮釋、討論。這也意味著，許多風俗文化仍然需要訴諸法律文字的明確規定，才可確保人們的自由權利都能平等地獲得保障。

## ◆（四）全民公投

經過了前面的討論與說明，我們能夠看出，普遍意志可透過社會契約、立法家所立的法，或是風俗文化等方式呈現。不過，除了這些方式外，其實還有一個更為直接的途徑可以呈現普遍意志，而那就是人民全體的投票結果。盧梭指出：

> 當一項法律議案在人民的集會中被提出時，人民所該考量的，不是同意或反對該項法案，而是該去思考，這個提案是否符合人民的普遍意志。而當每一個人，在集會中藉由投票來表達他們對此問題的看法時，如此產生的計票結果所呈現出來的，便是普遍意志。（SC, 153）

在此必須說明的是，盧梭之所以認為透過全民的票決可以形成普遍意志，是因為他對這個全民投票的過程，設下了一個先決條件。也就是當人們在投票時，都必須從「什麼樣的法案審查結果，最能符合全體人民利益」來思考，並以此決定自己該如何投票。由此說來，即使人們在投票時，仍會從個人的視角來判斷該如何投票，但因為每個人都是從公共利益的角度來考量、決定自身意見，於是經由如此所產生的結果，便會是個基於公共利益做成的判斷。

當然，在現實生活中要讓所有公民能夠聚集在一起，並且都能確實出於公共利益的考量投票，並非是件容易實現的事。誠如第一章所提到，就各國現行的公投法或選舉制度來說，公民的投票資格往往受到限制。此外，由於當前各國的疆域與人口數，大部分都相當廣闊且眾多，因此，法律議案也不會是在全體人民都出席的議會中被提出，而是在人民選出的民意代表之間被提出討論。更為重要的是，在現實的法律議案討論過程裡，各黨派的私人利益似乎總是會凌駕在人民整體的公共利益之上。換句話說，就現實處境來看，要想透過人民全體共同出席、投票產生集體決定來呈現普遍意志，將不只是件不容易的事，更會是件「不可能的任務」。

不過，雖然在現實政治的運作過程裡，人民的普遍意志不一定能夠被清楚呈現出來，但是就普遍意志可以作為人民主權理念的象徵這點來說，它依然可以是我們在設計、規劃國家政體和政府體制時的重要指引。而在接下來兩章的討論裡，我們便將看到，盧梭是如何透過普遍意志概念，來闡述國家政體和政府體制的運作原理。

# 第七章

# 普遍意志與國家政體

經由上述三章的討論，我們應該對盧梭的普遍意志概念已有些許認識。無論是普遍意志的存在理由、普遍意志關聯的內容，還是普遍意志的呈現方式等等，關於這些問題我們都已做了說明。從本章開始，我們的討論將更聚焦在「這個人民擁有的獨特意志，對現實政治體制的設計、運作會帶來什麼影響」這個課題。更明確地說，也就是普遍意志和國家政體與政府體制之間的關係。

在前述的討論中我們看到，普遍意志指向的是人民全體的公共利益，且正因為普遍意志總是關注全體的公共利益，它便成為了「指導國家應該如何運用公共權力的最高原則」。換句話說，普遍意志是任何國家統治權力的正當性來源。只不過，普遍意志雖然總是關注全體的公共利益，且是指導國家權力應該如何運作的最高依據，但反過來說，普遍意志指向的公共利益，也必須透過某種體制或機制運作，才可能被具體落實。誠如盧梭指出：

每項行為都是由兩個原因會合而成：一個是道德、思想上的原因，也就是決定行為的意志；一個是物理上的原因，也就是實行該意志的力量。例如我走向一個事物時，首先當然要有想走到那裡的決心，其次，我的雙腳也要能夠助我走到那裡。所以，當不能走的人想走，或是能走的人不想走，二者都將會停留在原地。政治共同體也有這相同的兩種動力，也就是意志和力量的區分。在此，意志是指立法權，力量則是指行政權。而若是沒有它們二者的合作，那政治共同體便什麼也不能做，甚至是什麼也不該做。（SC, 101）

就這段引文來說，普遍意志作為人民意志的展現，便是一個決定行為的意志。但若人民空有這個意志卻無力實現它，那這個意志指向的公共利益，自然也就無法實現。換句話說，如果沒有一個適當的體制、機構，協助人民運用公共的權力來實現公共利益，那普遍意志便只會是個抽象的意圖、意向，而無法產生具體的效用或結果。至於這個「在普遍意志的指導下動作，並作為國家和主權者之間的溝通橋梁而為公眾做事，猶如以個人的身心為個人做事一樣」的行為者，就盧梭的看法來說，便是政府（SC, 102）。

若我們從盧梭的分析進一步來看，在人民的普遍意志主導下行事的政府體制可以分成三類，也就是君主政體（monarchy）、貴族政體（aristocracy）和民主政體（democracy）。

## ◆（一）君主政體

在《社會契約論》裡，盧梭討論各類政體的次序，原是由民主，經貴族，而至君主。然而，若就他討論各類政體的篇幅來說，君主政體則是他花費最多字數討論的。之所以有這樣的安排，和盧梭將統治權力的正當性安置在人民身上，而非國王身上的意圖相關。在闡述過普遍意志的內涵與意義之後，盧梭便在討論君主政體的篇章裡試圖詳細說明這個政體的特色與弊病。

關於君主政體的特色，盧梭是借用幾何學的比例概念來做分析。簡單來說，盧梭認為所謂君主政體就是握有主權的人民，委託特定一人主導行政權的狀況。而人民之所以會委託特定一人主導行政權，這便和國家需要仰賴多大的力量，才得以讓統治順利進行這個課題相關。例如，當一國的國土遼闊、人丁旺盛，那在這土地與人口眾多的國家裡，行政權若是沒有集中在一人手上，那國家的統治力量就容易分裂、失焦，而不容易順利推行政令。盧梭認為，當我們以人民主權為「一」，那麼委託多少人來主導行政權，便會在比例上造成不同政體裡的政府，實際擁有的行政權力出現大小差異。在君主政體裡，人民委託一人治理，所以國家的公共力量便是以一：一的方式分配；在貴族政體裡，人民委託少數人治理，所以國家的公共力量便會以1:5、1:20、1:100等方式分配；而在民主政體裡，人民委託多數人或全體治理，所以國家的公共力量便會以1:100,000、1:1,000,000、1:10,000,000等方式分配。換句話說，被委託執掌行政權的人數越多，每一個被委託的人所分配到的權力就會越小。

根據這樣的分析結果，盧梭認為，既然被委託執掌行政權的人數越多，公共權力的行使將會越分散，那在幅員遼闊的大國裡，便需要透過一人來主政，而在領地褊狹的小國裡，則可由全民或多數人來主政。至於盧梭之所以會有這樣的看法，是因為他認為，一個國家若有眾多的人口，那在這個國家裡，便容易有各式各樣的利益考量而不容易形成共識。而若這個國家的國土又十分廣闊，那人們要形成共識的難度也就更高。因此，為了讓政府的治理能夠有效推展，盧梭便主張「政府的力量需要隨著人民數量的增加而增加」（SC, 104）。若我們接受此處盧梭的看法，一個國家之所以會採行君主政體，便可能是因為這個國家是個大國。

不過，雖然按照上述的分析，我們可以得出大國應採行君主政體、小國應採行民主政體的推論，但盧梭強調，由於君主政體是將行政權完全交付給一人來行使，這在公共權力的實際運作過程裡，便容易出現許多弊害。尤其是，握有權力的君主很容易把自己的意志，和人民的普遍意志混同在一起。回顧人類歷史，各地君王往往都是按照他們的個人意志，來決定國家施政的方針。而在他們做出的決定裡，人民全體的公共利益便時常不會被優先考慮到。

另一方面，盧梭也認為，從歷史上來看，在君主政體裡成功掌權的人多是陰謀家和惡棍，而少有賢能的人。在這樣的一種政治處境裡，君主政體具有的這一大缺陷便將使其政權顯得岌岌可危。這是指，採行君主政體的國家，若遇上賢君，人民的公共利益或許便能透過他獲得保障，但假如遇上的是無能君主或惡棍干政時，公共利益便容易被漠視或受到侵害。然而，無論既有的君主是賢是愚、是善是惡，當他死亡而需要另立新君主時，該以何種方式傳遞權力，更是君主政體往往難以妥善處理的課題。古代中國傳說中的唐堯，能夠順利將王位禪讓予賢者虞舜，而虞舜又能傳位給賢者夏禹，這種尚德授賢的狀況畢竟是極為罕見的。在多數的情況下，想要競奪國家最高權力的人們，往往會鬥智鬥力，直到分出死活勝負才罷休。

當然，從人類歷史的經驗來看，採行君主政體的國家，多半都會以世襲的方式，在王室血親之間傳遞權力。但即使有了世襲制，權力的競奪還是屢見不鮮。像是古代中國唐朝的李世民便是透過兵變，從他兄長的手中奪得了皇位。而且，如果君主的權力是透過世襲傳承，那麼選中繼位者的主要原因，便不會是繼任者的才幹。如此看來，對於生活在君主政體的人們來說，要想能夠被開明又有才幹的賢君治理，便需要講求運氣。總而言之，君主政體的一大弊害是權力傳承的不穩定。而就這點來看，貴族政體和民主政體具有的一項共通點，便是在這兩種政體裡，國家權力的傳承較為穩定。

## ◆（二）貴族政體

綜觀人類歷史，貴族政體或者是說長老共治，可以算得上是最古老的政府體制。如我們在第五章所說，從歷史的角度來看，一個民族的形成多是從天然結成的家庭開始，之後再經由家庭、家族的聯合，產生部落、村落。而在這個人類社會演化的過程裡，由各家庭、家族的家長或族長組成的長老會議，便往往是決定公眾事務的最高權力來源。

不過，從盧梭的觀點來看，貴族政體其實可以再細分為三類：自然的、推選的和世襲的（SC, 114-115）。就第一種自然產生的貴族政體來說，這便是指前述那種自家庭生活自然發展而來的長老會議。而就第三種由世襲產生的貴族政體來說，盧梭認為這是貴族政體中最差的一類。理由就和君主政體一樣，在透過世襲所產生的貴族議會裡，成員的素質容易參差不齊。因此，按照盧梭的判斷，經由推選產生的貴族會議是三種類型中最好的一個。

之所以說推選制最好，這是因為透過推選產生的會議成員，比較有可能是真正具有才幹的人。在自然形成的長老會議裡，年紀和資歷會是主要的資格限制，而在世襲產生的會議裡，家族的血統則是主要的資格限制。至於在按照推選產生的會議裡，年紀和家世或許仍然會是影響大家選擇的因素，但若是和另外兩種將年紀和家世設定為基本資格限制的制度相比，在推選制度中，具有真才實學的人還是有獲選的機會。

也就是因為如此，盧梭才會認為推選制是三種貴族政體中最好的，甚至於是三種國家政體之中，最好的一種。與君主政體相比，推選的貴族政體可以透過一套遴選的程序，來決定行政權的繼承者。因此就權力傳承的部分來說，後者較為穩定。除此之外，既然有才幹的人有機會經由遴選程序獲選，那麼將來行政權的行使，便也可能比素質不齊的全體民眾更能妥善運用。另一方面，就現實考量來說，由全體民眾組成的會議，較不容易有秩序、有效率地進行討論。而成員人數較少的貴族議會，便相對能夠較良好地運作。

不過，雖然說推選的貴族政體可以具備這些優點，但這個政體終究是以區分少數貴族和多數平民的方式來運作。因此，在貴族和平民之間，便容易因為地位處境的不平等而出現爭端。更不用說，少數貴族還是有可能會為了自身的利益，而犧牲人民全體的公共利益。

## ◆（三）民主政體

至於民主政體，按盧梭的定義，這是指主權的擁有者，也就是人民，兼領立法權和行政權的體制。換句話來說，這便是指人民不僅會透過全體的集會創制法律、設立規範，也會透過全體的集會來執行法律、推行政令。不過，盧梭認為，從已知的人類歷史來看，民主政體從未真正被施行過。這是因為要讓民主政體能夠順利運作的話，必須得先滿足許多條件：

第一，必須是在很小的國家，人民能夠很容易地就聚集在一起開會，且彼此易於相識；第二，道德風俗和眾人的意見都必須十分單純，以免事務繁瑣、討論冗長；第三，人民的社會地位和財富都必須相當，以防彼此的權利和權威無法維持平等；最後，必須少有或沒有奢華風氣。這是因為人縱然不富裕，奢侈風氣也會令人渴望富裕，讓富人和窮人都被腐化，讓國家活在怠惰與虛榮之中，並讓部分的人民成為了他人的奴隸、讓全體的人民成為了特定意見的奴隸，從而使國家失去了人民。（SC, 113）

進一步地說，除了因為上述這些條件在現實生活中多無法獲得滿足，而讓民主政體頂多只能是個理論想像外，就前面提到的公共權力的幾何學分析來看，盧梭描繪的這種民主政體，其實永遠無法在人世間落實。

如我們前面指出，在民主政體裡，人民是委託多數人或由全體民眾治理，所以國家的公共力量可能會是以1:100,000、1:1,000,000、1:10,000,000等方式分配。換句話說，就每一個人分得的國家權力來看，這便是十萬、百萬或千萬分之一。如此一來，要在民主政體中透過公共權力來迫使人們遵循法律規範、防止特定利益凌駕普遍意志之上，便將會是個相當困難的任務。因為每一個被委託來行使行政權的人，頂多只有十萬分之一的力量去約束他人。為此，既然每個人可用來約束他人的正當權力太過微弱，那麼，要讓民主政體能夠順利運作的關鍵，便是每一個人都能自我約束並具有良好的公民德行，而且總是重視公共利益勝於個人利益。只不過，具有如此崇高德行與自律能力的公民群眾，似乎未曾在人類史上出現過。正因為如此，盧梭才會說：「假如有個民族，每一位成員都是神，那麼這個民族所採行的政體便會是民主的。因如此完善的政體，不適合於人。」（SC, 114）

不過，必須強調的是，盧梭在此討論的民主政體，其立法施政的運作方式體現的是我們今日所謂的「直接民主」理念。相對地，我們現在一般較為熟悉的民主政體，其運作方式則接近於盧梭所謂的混合政體（mixed government）。簡單來說，盧梭認為，當政府握有的行政權力，比人民監督行政權的力量還要強大時，政府機關就必須分權。這是因為在此情形下，如果政府機關沒有分權，那麼政府執掌的行政權力就會過大；一旦政府濫權，人民便將難以制衡。如此，在分權的設計下，國家元首，如總統，便可能執掌了部分行政權，而行政院則可能擁有另一部分的行政權。甚至監察、司法、檢察等各部政府機關，也都可能執掌部分的行政管轄權力。換句話來說，我們現今熟悉的政府體制，主要就是因為行政權往往容易比人民的監督力量還要強大，所以就必須採行分權的制度設計。而由分權產生的政體，便是盧梭所說的混合政體。至於人民所擁有的監督、制衡行政權的力量，便是所謂的立法權。

## 第八章

# 普遍意志與政府

經過上一章的討論，細心的讀者或許已經發現，對盧梭來說，只要是依普遍意志的指導行事，君主政體、貴族政體和民主政體都可以是種協助人民落實普遍意志的體制、機構，端視國家領土與人民總數的廣狹、多寡來決定採用哪種政體最為合適。就此說來，盧梭並沒有從某種「國王與貴族必然和人民相對」的二元對立視角，來理解、界定人民和國王與貴族的關係。相對地，按照他的想法，只要人民握有立法權，而國王或貴族的治理權責是按人民的立法賦予、約束，那麼，由此產生的君主或貴族政體便和民主政體一樣，都可以協助眾人落實自由、平等的價值。在此，若我們按照行政、立法、司法三種權力區分的角度來看，人民主權的具體展現便在於立法權的運用與掌握，而政府執掌的行政權與司法權，則都是從屬於立法權之下。

## ◆（二）立法權

有關人民該如何運用立法權來落實主權的問題，在盧梭的討論下，其間的關鍵在於，在現實生活中，人民似乎不曾真正聚集在一起開會，商討該如何制定法律，或決定該訂立哪些法律。如我們前面提到，盧梭透過社會契約概念所嘗試表達的是「人生而自由且平等」這項價值理念。不過，如果說盧梭透過自然狀態、社會契約等概念所描繪的，是一幅有關「人生而自由且平等」或是「人擁有自律能力」的理想生活景象，那麼這個生活景象作為一個有待我們努力去實現它的目標，又是如何透過人民擁有的立法權落實在現實生活中？

說到立法權，一般來說，它可以經由直接民主或代議民主的形式，在一個國家裡運作。而關於直接民主，如我們在上一章提到，盧梭認為在現實生活中，很難有國家能夠滿足施行這個制度的必要條件。甚至就盧梭運用幾何學分析得出的結果來看，一個採行直接民主政體的國家，似乎不僅從未有過，而且也永遠無法在人世間出現。不過，在這裡我們必須留意，當盧梭說這種直接民主政體很難施行時，他所談論的對象是兼領行政權與立法權的全民政府，而非談論人民在各類政體中透過共同集會行使立法權的可行性。

針對人民集會行使立法權的可行性來說，盧梭認為古羅馬人便曾經成功過。在這裡，容筆者用一些篇幅引述盧梭的原話來做說明。他說：

讓我們就人類曾做到的，來判斷人類所能做到的吧！且不說古希臘的共和國，我認為羅馬共和國就是個泱泱大國，而羅馬城則是個大城。根據羅馬城最後一次戶口普查紀錄顯示，羅馬城約有四十萬武裝公民，而羅馬帝國最後一次的普查紀錄則顯示，整個帝國約有四百萬公民，且這尚未包含屬民、外邦人、婦女、孩童或奴隸在內。

由此可知，若想要讓羅馬城和近郊的眾多公民時常聚集起來開會，將會是件多麼困難的事。但事實上，羅馬人隔沒幾週便會聚會，有時甚至在一週內連續召開了好幾次。他們不僅行使主權，而且也行使部分的行政權。他們會討論許多事務，也會嘗試就許多事務做出決定，且全體人民在公共集會中行使官員的職權，幾乎和行使公民的職權一樣平常。（SC, 136）

由此看來，古羅馬人不僅會透過人民集會來行使立法權，有時，他們甚至會透過人民集會來行使行政權！而正因為有古羅馬人的這項前例，盧梭便認為，透過人民全體的共同集會來直接行使立法權的方法是可行的。[7]

若我們就盧梭描繪的古羅馬公民會議進一步地來看，他們的會議和我們今日在各區、各里召開的代表會或市民大會，有許多相似的地方。按盧梭所說，羅馬公民基本上是依三種方式集會：族會議（Comitia Curiata）、分族會議（Comitia Tributa）和百人團民會（Comitia

Centuriata）。

起初古羅馬人的族會議，是由共同參與羅馬建城的三個原始部族所組成，而分族會議，則是由這些部族分出的三十個分族組成。不過，隨著羅馬城的發展，這兩類會議的組成方式便有了些改變。首先，參加族會議的部族從三個改為四個。之所以有此變革，主要是因為原始部族中的外邦人一族增長快速，影響了族會議內部的權力平衡。因此，古羅馬人便將原本依照種族區分的三個部族，改為按地域區分的四個部族。另一方面，由於部族的分類方式有了改變，分族會議的組成便也隨之一併

---

❼ 當然，如果我們從盧梭的個人視角出發來説，他心目中的政治模範是他的祖國——日內瓦共和國。整體而言，日內瓦共和國的領地幅員與人口數既不會太廣、太多，也不會太狹、太少，適合於施行民主；而當時日內瓦共和國施行的貴族政體，也為盧梭所青睞。因此，當盧梭在闡述普遍意志與現實政治體制之間的關聯時，他多少是以日內瓦共和國為理想形象進行描繪。只不過，據現今學者研究顯示，日內瓦共和國在盧梭的時代基本上是個貴族獨裁政體，而非如盧梭想像的那般，是個以人民的普遍意志為最高指導原則施政的理想國度。相關討論，可參見Cranston（1982: 13-29）。

有了變化。和部族一樣，分族的區分方式也由種族改為地域。因此，原有的三十個分族，就按城區和鄉村重新區分為三十五個分族。至於百人團民會，則是把區分全部羅馬人的六個階級，再細分為一百九十三個百人團來組成。不過，由於全部羅馬人的階級分類，是按資產多寡進行，而參與百人團的人必須是個武裝公民。所以，出身於富裕階級而有能力採買、養護武裝器械的人，便往往在百人團民會中占了多數（SC, 157-164）。

根據這裡簡單介紹的這三種羅馬人民集會方式來看，改制之後的族會議和分族會議，和我們今日按照地域選區選出議員代表的制度，有幾分雷同。依據不同的分區方式和會議性質，我們現在也有按照區里、鄉鎮、縣市、全國（省）等類別產生的人民集會或代表會議。只不過，和古羅馬人相比，現今的分區議會多是由民選代表召集與會，而非全區的民眾共同參與。就這部分來說，無論古羅馬人的人民集會形式有多少種，能夠召集所有人民與會、商議公共事務的這一點，確實是我們今日難以達成的成就。

然而，若從盧梭的觀點來說，我們今日透過選出代表來替人民行使立法權的制度設計，其實是有問題的。這是因為盧梭認為，人民擁有的立法權，不可能也不應該透過民選代表運作。首先，他強調，當人民放棄了參與公民會議、商議公共事務的權利，而把它委託給別人時，這顯示的是人民寧願為了其他非關公共的事務，而放棄出席會議行使自身立法權力。從這個角度來說，當代表開始替人民行使立法權時，這便是公共精神開始消逝的徵兆。其次，盧梭亦指出，由於人民行使立法權的根據是他們的普遍意志，而普遍意志，則只能透過他們全體的共同集會，才能經由眾人的決議指導立法。所以，即使人民可以推選、委派代表，但這些代表並沒有做出正當、有效決議的權力。因為他們的意志，無法等同經由人民全體集會所產生的公共意志。

說到這裡，如果我們接受盧梭的觀點，那麼，現今多數國家施行的代議民主制度，其實都不是盧梭所定義的民主，甚至也不是人民主權的妥善實踐方式。但反過來說，在現今各國人口動輒百萬、千萬計的時代底下，我們是否真能找到適合的制度，幫助我們實踐人民主權呢？對於這個問題，我們將在後文做些延伸討論。而在簡單說明過普遍意志和立法權的關係後，接下來，我們便將談談普遍意志和行政權、司法權的關係。

## ◆（二）行政權

有關盧梭對於行政權的看法，我們在上一章的討論裡多少有提到一些。在這裡，我們所要強調的是，對於盧梭來說，政府作為行政權的使用者，除了必須要確保人民的自由、安全與權利外，也必須盡可能地運用它所擁有的統治權力促進國家社會的繁榮。在《社會契約論》一書裡，盧梭對於政府體制的討論，除了包含上章說到的三種國家政體外，另也包含了什麼是良好的政府、政府又會如何墮落或濫權等各種議題。

然而，究其根本，盧梭認為，我們很難去找到一個單一的標準，來判斷什麼樣的政體是最優良、最好的。之所以如此，一方面是因為每一個民族、每一個國家，都會受到他們特有的風土民情和地理環境影響，而有較為適合他們的特定政體。所以，如果有人說，有一個最優良的政體，能夠普遍適用在每一個民族身上，這其實是值得懷疑的。

另一方面，雖然一起生活在一個國家裡的人們，會分享許多共同的目標和價值觀，但就他們個人的生命來說，每一個人所想要追求的理想則可能各自不同。舉例來說，有些人可能想要當成功的商人，有些人可能只想有安穩的收入，而有些人想要的，可能是不計較錢多錢少但多采多姿的藝術家生活。如此說來，正因為人們想要的理想生活不盡相同，他們所認為的最優良政體便也會有所不同。對於想要成為成功商人的人，便可能希望政體的設計或政府的政策提案，能協助自己擁有更好的貿易優勢，但對於只想要生活多采多姿的人來說，他便可能希望政府的干預越少越好。

不過，盧梭雖然主張，我們很難找到一個適用於所有民族的優良政體，但他也認為，從人們組建社會、建構國家的初衷來說，政府的職責本該就是去盡力維持人民的生存與繁榮。至於為何政府的職責是要去維持人民的生存與繁榮，則是因為我們能透過這兩項標準，判斷政府是否確實顧及人民的利益（SC, 130）。從生存面向來說，如果一個國家的人民，不斷遭受天災人禍的侵襲而未有改善，那麼這個國家的政府，便顯然無力妥善保障人民的自由、安全與權益，明顯失職。至於繁榮，如果說一個國家的人民生活富足繁榮，這往往意味著人民的生活富裕而有各式各樣的商業和文藝活動。只是，如果商業和文藝活動能夠蓬勃發展，這就表示人民不只是富裕而已，並且同樣享有相當程度的自由空間。這是因為，如果人民沒有錢或缺乏生活物資，商業活動便不會蓬勃，而整個社會也不會有閒暇的時間和金錢，來推展文藝。且另一方面，如果人民富裕，卻受到政府嚴格控管，那商業和文藝活動就很難以各式各樣的面貌呈現。

由此看來，在盧梭的觀點下，我們無須追求某種對所有人類、所有民族一致而言都好的政體設計，才能建立、擁有一個好的政府。相對地，政府所應該做的，就是在合乎法律規範的前提下，盡力運用行政權來保障自身人民的自由、安全與權益，促進國家社會的繁榮。不過，雖然政府的好壞，關乎其能否妥善保障、平等促進人民的自由、安全與權益，但若政府的行政權力過大，且為國內特定階級的利益所壟斷、主導，那政府便將因此違背普遍意志而墮落、腐敗。

## ◆（三）政府分權，非三權分立

談到這裡，我們可以知道，對盧梭來說，普遍意志是透過人民行使的立法權而體現為主導國家力量的最高依據。至於政府享有的行政權，則必須是在合乎人民制定的法律規範這項前提下來行使。不過，雖然在原則上，行政權從屬於立法權，而必須受到立法權監督，但在實際上，政府的權力卻往往容易凌駕在人民的權力之上。根據盧梭的說法，這是因為人民的總數一旦多了起來，被委託執掌行政權的人數卻相對為少，那麼，即便主權歸屬於人民，但雙方實際上擁有的公共權力便會產生差距。

例如，若被委託執掌行政權的人數只有一位，而人民的總數卻有數十萬，雙方握有的權力，在比例上就會不均等。因為公共權力相對於前者是一比一，但與後者相比，每一個公民實際上所能分得的權力，便僅是數十萬分之一。在這每位公民與政府相比擁有的實質力量失衡的情形下，盧梭便如我們在上一章提到的，認為政府享有的行政權應該做出劃分，並由不同機關分別執掌。換句話說，在行政立法力量失衡的情況下，政府便應該分權，以藉此確保行政權不會過於集中而凌駕立法權。

有關政府分權的方式，在《社會契約論》裡，盧梭主要仍然是透過古羅馬人的制度來做說明。在他的書裡，他提到了古羅馬的元老院、護民官（Tribune）、獨裁官（Dictator）和監察官（Censor）等官職。而在其中，盧梭認為護民官和獨裁官都是在特定的情況下，才為必要的官職。舉例來說，羅馬護民官的職責是為了維護法律，而他不僅需要監督行政首長的施政是否合於法律，也需要敦促民眾按照他們做出的政治決定來遵行法律。然而，如果說民眾都已具有良好的公共德行，並能透過定期集會節制、監督行政首長的施政，那護民官的設立便是不必要的。換句話說，只有在民眾未能依循他們的公共意志落實法律，並也未能適當監督行政權的時候，才需要設立護民官。

相似地，盧梭也認為獨裁官的設立有其特定條件。簡單說來，獨裁官的職責是去做出立即、明確的政治決定與安排，以回應那些可能使國家不復存在的各種國內外突發威脅，如他國的侵略或內部的分裂等等。在此情形下，立法權在短時間內便可被擱置，而給予獨裁官暫時不受立法權監督、獨攬行政權的緊急權力。以我們今日的政府體制來說，獨裁官執掌的權力便像是總統在國家面臨緊急狀況時，可透過發布緊急命令來獨攬法律的權力。

相較於護民官和獨裁官，在盧梭的討論裡，比較常規的政府分權設計，則是元老院和監察官二者。就元老院來說，我們今日一般認為，這是現今許多國家議會上院的設計原型，如美國和法國的參議院、英國的上議院，或是德國的聯邦參議院。不過，就古羅馬人的設計來說，元老院基本上是由少數貴族組成的議會，且其職掌的權力是屬於行政權，不是羅馬民會所擁有的立法權。在此，元老院作為一個由少數貴族組成的議會，其設立目的是為了制衡羅馬的執政官，也就是羅馬行政首長的行政權力。藉要求執政官定期向元老院報告施政，元老院便有了監督、制衡執政官的權力。

至於監察官，根據盧梭的描述，他「不是民意的仲裁者，而是民意的宣告者，一旦不符民意，他的決斷就會失效」（SC, 174）。更明確的說，監察官不能立法，也不能廢除法律，但他可以透過宣告行政命令，而以不違背、不改動法律，又能符合民情、民意的方式，就人民的普遍意志做具體表述，進而維護公眾的利益和公共意向。例如，在盧梭的時代，法國士紳可因為名譽糾紛而要求決鬥。而在決鬥時，人們雖然可以帶助手上陣，但這種行為卻廣被認為是種怯弱的舉動。如此，盧梭指出，如果今日政府下令宣告：「決鬥時用助手是懦夫」，人們理當不會有其他意見，而可藉此將這樣的習慣掃除；但相對地，如果政府宣告：「決鬥是怯懦的行為」，這項命令既然不符合當下的民意、民情，便很難獲得公眾支持了。換句話說，以古羅馬人的設計原則來看，監察官便有體察民意、發布命令的權力。更重要的是，監察官也擁有監督國家財政和公共工程的權力，進而能夠制衡執政官與元老院，防止他們濫權。

總歸來說，盧梭是以古羅馬的政府體制為借鏡，來說明有助平衡行政權和立法權的政府分權設計，可能有哪些。當然，就我們目前的政體設計原則來說，盧梭認為行政權是從屬於立法權之下的觀點，並非主流。在此，盧梭並沒有像孟德斯鳩那樣，主張行政、立法、司法三權是對等的權力，而須透過分權的設計，來相互制衡。對盧梭來說，國家的所有法律都是出於人民全體共同集會行使的立法權，因此行政權以及附屬於行政權的司法審判權都必須從屬於立法權之下，也就是執掌這些權力的機關，必須按照人民立下的法律進行治理和裁決。

確實，從盧梭身處的時代來說，當時的王國統治者多兼領行政權和審判權。更進一步來說，十八世紀歐洲各國法庭擁有的審判權力，基本上都是源自國王。這是因為國王作為一國行政權力的最高擁有者，他必須透過法庭來確保王國的政令法律，確實被臣民所遵守。而若我們是從人類整體歷史的角度來說，這種統治者兼領行政權和審判權的情形，事實上相當普遍。像是古代中國的縣衙，不僅是縣長辦公、處理行政事務的地方，如果有人告狀，那縣長便會搖身一變成為了判官，而縣衙也就成為了訴訟法庭。

然而，如果擁有行政權力的官員，濫用權力、造成糾紛，那在該官員同時兼領行政權和審判權的情況下，受害的人民便將無處申冤。特別是，如果濫用權力的人正是國王自己，那在沒有分權的狀況底下，國王就是球員兼裁判，而人民的權益便沒有安穩的保障。對孟德斯鳩來說，為避免此種情形發生，最好的方式便是將行政、立法、司法三權分立，相互制衡，以避免執掌這三項權力的任一機關坐大，損及公共利益。但對盧梭來說，正如前面提到，由於經人民全體集會行使的立法權，是國家法律和行政、司法權的根本，因此，孟德斯鳩所謂的三權分立便在盧梭的架構下失去意義。對盧梭來說，防止行政權和司法權濫用的根本之道，便是定期舉辦人民全體共同出席參與的人民大會。

不過，即便定期舉辦人民大會，或許確實是人民用以約束、監督行政權和司法裁決權的最佳方式，但若是政府執掌的統治權力過於集中，政府分權便如前述討論指出，仍是為了確保公共利益不被侵害、普遍意志得以具體落實，而為必要的制度設計原則。換句話來說，雖然在理論上，人民的普遍意志是指導一國立法的根本，也是主導國家權力運作的最高依據，但在實務上，為了要讓國家的法律規範和公共權力，都能夠確實按照普遍意志的指引創制、運用，不僅在建國之初，人民必須慎選適合的政體，在確立國家體制之後，人民也必須謹慎設計政府機關的權力運作方式。

第九章

# 普遍意志概念的蛻變

經過前面五章的介紹和討論，讀者或許對盧梭的普遍意志概念，已有了些基本的認識和想法。而從這些盧梭談論的觀點來看，他其實巧妙揉合了阿諾德、孟德斯鳩等人給予普遍意志概念的不同定義與內涵。

舉例來說，當盧梭表示，普遍意志是人民擁有的一種公共意向、一種意志，有待某個機關、體制來實現時，他的描繪就和我們在第四章提到的G2（普遍意志是神懷抱的一種意圖，而未具體發揮效用、產生後果）相近。而就G4（普遍意志是種主導、規定人類社群應該如何運作、發展的意志）來說，《社會契約論》通篇所談的便正是在說明、強調，人民的普遍意志為何該是主導國家社會發展的最高原則。進一步來說，無論是G4-a（依神的意志創制的普遍法則，規定了人類的本性，從而使人需要國家與政治生活、法律與政府體制）或是G4-b（神所創制的普遍法則，雖規定了人類的本性，但人類展現本性的方式，會受自然環境影響，從而在不同地域形成擁有不同風俗的各類民族），也都多少呈現在盧梭的討論裡。甚至是G3（普遍意志是神創制規範世間萬物如何運作、生滅的普遍法則的根源），也在盧梭討論正義的部分裡被提及，用來比較說明人世間的社會正義和自然正義的不同。

不過，相較於G2到G4-b都可在盧梭的討論裡發現，G1（普遍意志是神想要拯救所有人類的意志）則可能遍尋不著。之所以如此的理由，我們在前述幾章的介紹裡，其實多少已經談到。首先，最明顯的理由是，盧梭的普遍意志是人們透過彼此訂約、心向公共所產生的意志。換句話說，這個意志不是神的，而是屬於人民全體的。其次，正因為盧梭認為普遍意志是人民所有，且它主要是透過人民的全體集會和風俗文化呈現，若要說它涵蓋的範圍可以擴展至全人類，便會難以想像。事實上，盧梭在《社會契約論》裡曾說到：「國家的組成最好要有一定的限制，不宜過大而無法良好管理，但也不宜過小而無法維持。」（SC, 90）假使有一個涵蓋全人類的普遍意志存在，就必須要有一個足以統治全人類的政府出現，才可實現普遍意志。然而，這個政府既然是統治全人類的政府，它的領地基本上就是涵蓋了整個地球。那麼，在這個政府統治的國度裡，便容易因為領地過大，而在各個地區形成各種獨特、相異的風俗文化。而這些不同的風俗文化，則可能影響人們對共同體的想像，致使各個地方的特殊利益凌駕在公共利益之上。總歸來說，盧梭的普遍意志不是一種涵蓋所有人類在內的意志。而這點，便是他和康德、黑格爾、鮑桑葵，甚至是羅爾斯不同的地方。

## ◆（一）理性的介入：康德和黑格爾

在盧梭提出了他的版本的「普遍意志」之後，這個概念就成為了所有政治學著作多少都會提到的對象。而又因為盧梭版本的普遍意志概念，基本上和G1是相對的，因此自十八、十九世紀以來，許多歐美的神學和道德思想研究，便也會時不時談論到它。本章受限於篇幅，只能扼要地談談康德、黑格爾、鮑桑葵和羅爾斯這四位思想家，對盧梭普遍意志概念的批判和發展。而在這個小節，我們將從康德（Immanuel Kant,

1724-1804）和黑格爾（G. W. F. Hegel, 1770-1831）說起。

關於盧梭和康德、黑格爾的思想關聯，其實有不少學術著作談過，在這裡，我們所將聚焦討論的，是康德和黑格爾如何引入「理性」（reason）這個概念，來理解或批判盧梭的普遍意志。

在我們今日身處的時代裡，理性是個時常會被人們使用的語彙。舉例來說，在公共事務的討論中，人們或許會越說越激動，而容易有各種情緒出現。不管是落淚、嗚噎、咆哮、辱罵，都可能發生在討論的過程裡。從旁觀者的角度來說，這些情緒表現確實容易影響討論的進行，也因此有些人就會強調「要理性、平和地溝通」。同時，我們也常會看到民眾上街頭抗議、表達訴求時，有人會說：「不接受非理性的表達訴求方式。」就這些情形來說，保持理性似乎是我們今天討論公共事務時，必須擁有的一項重要能力。但理性是什麼？它和人民主權有什麼關係？

細心的讀者或許會發現，在前面五章介紹盧梭普遍意志概念的過程裡，我們很少談到理性。在談家庭生活的部分，我們曾經提到，盧梭認為小孩的心智能力成長到一定階段，便會開始尋求自立。而所謂「心智能力成長到一定階段」，在盧梭的用語下，就是指能夠使用理性能力來做自主判斷。另一方面，當我們談到自然正義的時候，我們也曾提到，盧梭認為人可以透過理性來認識神創制的世界法則，只不過，因為人的理性是有限的，所以無法真正掌握神所立下的普遍法則。

對此，若我們再做個補充，盧梭其實還在《社會契約論》的另一處提到過理性，而他在該處對理性所做的描述，便和我們接下來要談的康德的觀點相關。他說：「個人或許會發現好東西（the good），卻拒絕它；公眾或許會想要好東西，卻發現不了它。因此，個人有義務去使他的意志和理性相符，而公眾則必須接受指導，學習如何辨認出自己所想要的事物。」（SC, 83）在這部分，盧梭提到了個人的意志和理性，而根據他的說法，理性便是個能夠讓人知道什麼是善、什麼是好的能力。而這個有助個人發現良善的理性概念，在康德的闡述下，則是個人道德生活的重心。

## 康德

關於盧梭和康德的關係，有一則小故事值得我們先說說。根據記載，康德每天都會在固定的時間出門散步，風雨無阻。然而，他唯一一次沒有按時出門散步的原因，就是因為他讀盧梭的書《愛彌兒》（*Émile*）太過專注，而錯過了時間。除此之外，康德也曾表示，是盧梭讓他重新拾回對人類的信心，而願意承認凡夫俗子和見識卓越的學者一樣，都是值得我們尊敬的人（Cassirer, 1963: 1-2）。當然，我們無法知道康德是否是由衷地推崇盧梭，但在康德的思想裡面，我們確實可以發現和普遍意志相似的概念。

和盧梭一樣，普遍意志在康德的詮釋下，基本上也是項人們用來約束自身言行、調和彼此自由行動空間的依據。對康德來說，人類生活的理想國度，是一個人人都能依循理性認識普遍法則的世界。而正因為每個人都能認識普遍法則，所以大家都會知道什麼樣的言說、行動最為合宜。特別是，康德認為當人們都能透過理性認識普遍法則後，他們就可以知道，什麼樣的事物**對所有人來說**會是良善或是有害的。

例如，當一個人在思考偷竊是否是好的、正當的行為時，他便可以從自身的處境來推想。如果說他不認為自己的財產被偷，是可以坦然接受或寬容原諒的事，那麼，他就可以由此推想，這個處境對其他人來說，應該也同樣是不被接受的。而當每個人都透過這樣的推想過程，得出「偷竊是不好的、不正當的行為」這樣的結論時，這個結論便是在日常生活實踐中，應該被大家接受的理性規範。因此，康德認為，正因為每個人都能透過理性掌握普遍為人所接受的法則，並且也都能遵循這個透過理性發現的法則來行動，他們便能在追尋、實踐自身自由的同時，對等地尊重彼此的行動空間，從而建立一個自由且平等的國度（GMM: 25-48）。

就上面這些簡短的描述來看，很明顯地，對康德來說，如何使用理性認識普遍法則，便是人們能否打造出自由且平等的理想國度的關鍵。

只不過，康德抱持的這個看法，正是他和盧梭最不同的地方。就像我們在第四章提到的，盧梭不認為人可以透過理性充分掌握普遍法則，而這也是為何他會強調，人們必須透過訂約，並在普遍意志的指引下，接受政府保護的原因。對此，康德雖然認為，人「可以」透過理性認識普遍法則，進而打造自由且平等的理想國度，但他並不認為在現實上，這個理想國度能輕易實現。

這是因為，人們在現實生活中，往往不能如實地按照自己的理性、按照自己知道的普遍法則行動，而需要透過政府法律的強制力，協助約束自己的言行舉止。像是我們都知道，尊重他人表達意見的自由，是個很基本的德行規範，但在實踐上，人們卻可能因為不同意他人表達意見的「方式」，而否定他們表達意見的自由。如我們前面提到的，那些將別人上街頭抗議、表達訴求的方式看作是非理性的行為，從而不接受他們的訴求，便是一個例子。除此之外，可能的暴力威脅、恐嚇或傷害，也都是人們為何會需要政府和法律的原因。

然而，人們雖然因為不能如實地按照理性、按照普遍法則行動，而需要政府與法律的約束和保護，但與此同時，人們也需要有適宜的方法，可用以檢視法律的正當性，防範統治者濫用法律。就這點來說，無論是社會契約或是普遍意志，確實都是人們可用來檢視法律正當性的參照對象。只不過，由於社會契約是個假想的事物，而具體呈現普遍意志的條件又不易達成，康德便另外設想了一個檢視法律正當性的方法。簡單說來，康德提供的方法就是：每個人透過理性去推想，統治者現在頒布的法律是否是自己願意用來同等約束自己和他人的規範。如果答案是「否」，那麼人們便可透過這個檢視方式，進一步主張自己的政治權利與自由（PW, 85-87）。

說到這裡，我們大致可以知道，康德和盧梭的觀點雖然不同，但他也同樣重視統治正當性的問題。然而，如果要特別強調他們之間的差異的話，我們可以簡單歸納出以下幾點：（1）康德較重視理性和普遍法則的重要性，盧梭則否；（2）康德特別強調「個人」能夠透過理性，推導出眾人普遍都願意接受的法則，而盧梭則重視人民「全體」的公共意志；（3）康德將理想國度和現實政治做了區分，而盧梭則傾向認為，人民的普遍意志作為一個政治理念，可以指導現實政治的運作。不過，雖然說康德和盧梭的觀點有這許多差異，但我們接下來要介紹的思想家黑格爾，他對於盧梭觀點的批判力道，則更大上許多。

## 黑格爾

在康德運用了個人的理性意志和普遍法則等概念，去討論社會契約、普遍意志和法律的正當性之後，黑格爾也接續從理性的角度，來談論盧梭的普遍意志。只不過，黑格爾對盧梭的觀點做了許多批判，而這些批判也延伸到了康德身上。黑格爾認為，盧梭筆下描繪的人們，只是隨意、偶然地經由彼此的同意訂約，組成了社會和國家。換句話說，這個經由訂約組成的國家，並非是個由理性建構且理所當然會如此存在的政治共同體（LHP, 400-402）。確實，若讀者回想一下，當盧梭談到人們為何會彼此訂約、創立政治共同體時，他並沒有給予我們一個明確的理由，說明這個共同體為何「必然」會出現。

進一步來說，當黑格爾談到在盧梭的描繪下，人們只是隨意、偶然地建立國家時，黑格爾所要強調的重點即是：這個以社會契約為基礎所產生的政治共同體，說到底，只是一群人出於偶然，片面、主觀地認為它需要存在而產生。就這點來說，無論人們是為了自身自由權利的保障，還是為了人世間正義的實現，這些促使他們同意訂約的理由，都只是片面的、主觀的（EPR, 276-277）。只是，如果國家的存在基礎，是來自個人任意、片面且主觀的意志，那麼，這個國家存在的正當性，便很難說是客觀、充分的。

舉例來說，當一群人出於不同的原因，必須搭乘同一艘船時，他們為了順利達成自己的目的，便會傾向合作讓這艘船能夠平安到達目的地。在他們之中，有人可能是為了體驗一下搭船的感覺，有人可能是想觀察船隻航行的模樣，也有人可能只是想搭船前往自己想去的地方。但無論這些人有什麼樣的搭船動機，他們既然在同一艘船上，便會願意一起努力，讓船隻順利靠港。只不過，當這艘船抵達目的地後，讓這群人共同合作的具體條件，便消失了，而他們也將各奔東西。對黑格爾來說，盧梭筆下描寫的國家、政治共同體，就如同此處提及的船隻航行一樣，一旦人們達成了目的，便會一拍兩散。

當然，誠如我們在第五章提到，盧梭之所以強調人們共享的生活方式的重要性，就是為了指出在實際的政治生活裡，人們不會只是單純透過同意、透過訂約來建立國家，而會仰賴他們所共享的一些事物或風俗文化，來讓這共同體持續存在。不過，盧梭對於風俗文化的重視，似乎沒有被黑格爾看見。相反地，黑格爾更認為，康德之所以會從個人的理性意志、從個人主觀的角度，來談論國家法律的正當性，便是受到盧梭的影響（EPR, 58）。

若我們稍微統整一下黑格爾這邊提出的批評，他不同意盧梭的地方，主要有兩點：（1）盧梭沒有給予我們一個充分的理由，說明人們為何必然會在自然狀態裡彼此訂約；（2）就算人們會相互訂約、建立國家，但在盧梭的描繪下，這個國家存在的基礎，也只是每個人的主觀動機，而沒有任何客觀的理由，能夠說明這個國家的存在必然是正當的、無可質疑的。由此看來，沒有說明理性的功用與客觀價值，而只強調個人主觀意志的重要性，便是黑格爾批評盧梭的主要論點。

不過，即使康德十分強調理性的功用，但黑格爾卻認為，康德談論的理性仍然是主觀的，或頂多具有一種抽象的普遍性。就其主觀的部分來說，理性在康德的主張下，是經由個人自身的推想所展現的思維，換句話說，這種理性的運用，是從個人主觀的視角出發進行。就抽象的普遍性來說，當個人在康德的描繪下，能夠透過理性推想得出普遍適用於所有人的法則時，這個法則便是基於這套思維程序，而具有一種抽象的客觀性。像是前面舉例談到的「偷竊是不好的、不正當的行為」規範，便是透過眾人各自的理性推想，而可視為具有一種普遍的客觀性。只不過，對黑格爾來說，規範雖然可以透過一個共同推想程序而使其具有客觀普遍性，但這個客觀普遍性卻因為沒有和任何具體的對象有關，故而只會是抽象的。以「偷竊是不好的、不正當的行為」這個例子來說，這個規範沒有具體說到偷什麼、偷誰的，或是在什麼情境下偷竊，才是不正當、不好的，因而是個抽象規範。

但話又說回來，那什麼才是具體的普遍性？就黑格爾的觀點來說，要找出國家之所以存在的具體、普遍的理由，便需要透過歷史來證明（EPR, 372-377）。簡單說來，正如黑格爾的名言「凡合理的即實現的，凡實現的即合理的」[8]所指，只要是經由人們共同的努力，而存留在當前生活之中的法律或政府體制，就自然有它存在的理由。而因為國家法律和政府體制的存在理由，多是基於特定的歷史社會處境而來，這些理由因而和具體的歷史環境相關。進而，如果這些法律體制能夠通過歷史的考驗，而證明它們是必須存在的事物，那麼，它們的存在便將因此是合理的，且具有具體、普遍的客觀性。反過來說，如果法律體制會隨著時間的演變而消逝，那這也就表示，這些事物曾經存在的理由，不是普遍必然的。

說到這裡，如果我們接受黑格爾的說法，那國家和政治共同體之所以存在的必然理由，就只能經由時間、經由歷史來證明。而無論是盧梭的社會契約，或是康德的理性意志、普遍法則，都將只是個抽象的理論概念，而不能具體、充分地向我們說明國家法律的正當性來源。由此看來，黑格爾雖然和康德一樣重視理性，但他們對於理性的理解與定義則大不相同。而這些不同，便使得黑格爾對盧梭和康德的觀點，有許多批評。

❽ 德文為：“Was vernünftig ist, das ist wirklich; und was wirklich ist, das ist vernünftig”。英文為：“What is rational is actual; and what is actual is rational”（EPR, 20）。

## ◆（二）常人不知的真實意志：鮑桑葵

在前面一節，我們簡單就康德和黑格爾的觀點做了說明。而他們和盧梭最大的不同，就在於他們都認為，當我們要找出國家法律的正當性來源時，我們必須從理性找起，而不能單憑個人或眾人的意志來說明。在英國，另一位政治思想家鮑桑葵（Bernard Bosanquet, 1848-1923）則試圖揉合盧梭和黑格爾的見解，發展出另一種關於普遍意志的解釋。

簡單說來，鮑桑葵和康德、黑格爾一樣，認為人們在檢視國家法律的正當性來源時，不能不使用理性的能力。這是因為國家法律的正當性，必然和某個我們應該達成、實現的理想原則有關。比如說，如果我們認為自由，不只是個受到國家法律保障的權利，更是個當我們達成某個理想時，將會進入、擁有的一種生活狀態，那麼，這個和自由相關且為我們所期盼的理想生活，就是我們可以用來檢視國家法律是否正當的依據（PTS, 148-156）。只不過，鮑桑葵認為我們沒有辦法只憑意志去設想一個理想生活，而必須運用理性。這是因為理想的生活之所以為理想，便是因為它和我們現有的生活有所差距。這也就是說，我們必須運用自身的理性，去辨識出現有生活的不足，並且能夠進一步去設想可以補足這些不足的更佳狀態。

就這裡看來，鮑桑葵既然重視理性，他的觀點便和盧梭有所不同。然而，若要說他和盧梭有什麼相似的地方，那便是鮑桑葵同樣認為，人們追求的理想生活只可能在社會之中實現，並且會是在國家政府的協助下實現。試著從我們的生活經驗推想一下，從出生到死亡，我們其實一直處在和他人相連的某種社會關係裡。如我們一出生便有父母，而有親子關係；長大之後進入學校，便會有同儕、師生關係；學校畢業後進入社會，則會有同事同僚和長官下屬等各種工作關係。更不用說，我們還會與人相識、相戀，而有朋友、戀人，以至夫妻、伴侶關係等等。換句話說，在現實生活裡，我們其實無法像康德所說的那樣，可以單純從個人主觀的角度，去推想普遍法則或國家法律的正當性，而必須時不時地從自己在社會關係裡的多重角色出發推想。

進一步地，鮑桑葵指出，正因為人們總是處在某種社會關係裡，因此那為我們所期盼的理想生活，其實和我們身處的社會狀態密切相關。若用鮑桑葵的術語來說，意即我們必須在社會關係中發現真我（the true self）、找到那屬於我們的真實意志（the real will）（PTS, 124-125）。在這裡，鮑桑葵事實上是把盧梭提出的「作為政治理念的人民普遍意志」，重新用「真實意志」這個語彙做表述。以這個真實意志為據，鮑桑葵指出，政府和國家必須協助人們去追尋、去實現的，便是這個真實意志為我們所勾勒出來的理想人生。

舉個例來說，有些人或許會從自己有過的人際互動經驗出發，期待自己的理想人生，是個子孫滿堂、事業有成的狀態。而這個理想，便會是他們希望國家和政府，可以透過法律政策來協助他們實現的人生目標。換個角度來說，人們既然期待國家和政府，能夠幫助他們實現自己的人生目標，那麼，當國家政府提出的法律政策，沒有辦法協助他們時，這些法律政策的正當性便容易遭受質疑。

若讀者將鮑桑葵的觀點拿來和我們上面提過的黑格爾論點比較一下，其實會發現，他們兩人的見解有著相近之處。當鮑桑葵強調人們必須從自己身處的社會關係，來尋找、發現自己的真實意志時，他在這裡表露出來對現有社會生活的重視，和黑格爾所說，我們必須從現存的法律體制，來尋找國家存在的正當理由的觀點，有些相似。換句話說，鮑桑葵也和黑格爾一樣，特別重視現有社會生活、國家體制的存在理由，並且傾向認為，我們可以從現存的事物中找到普遍的、真實的理想目標，再藉此反思現有狀態的不足（PTS, 156-159）。

在這裡，由於篇幅的限制，我們無法更深入的討論鮑桑葵和黑格爾的思想關聯。不過，值得我們強調的是，鮑桑葵不僅認為人們需要從自己的社會關係中找到真實的自我，他也同樣認為人們必然需要耗費心力、時間，才可能從自身或眾人的歷史經驗中，找出自己的真實意志。由此看來，正因為鮑桑葵和黑格爾一樣，相當重視現有的社會生活與國家體制的存在意義，他才會堅信，那些曾經存在或依然存在於世界上的國家體制，都可以是個有助我們發現真我的指引（PTS, 283-293）。只不過，若說人們要發現真我，就必須耗費許多時間心力，來了解歷史、累積社會歷練，那實際上有機會尋得自己真實意志的人們，便將為數不多。更不用說，有些時候，我們以為的真我、理想目標，其實到後來並不是自己真正想要的。

說到這裡，我們大致可以發現，鮑桑葵雖然強調理性能力的使用，但他也和盧梭一樣，相當重視政治社會生活的正面意義，而非是像康德那般，特別推崇個人理性的抽象推想程序。另一方面，鮑桑葵也和黑格爾一樣，特別重視既存社會生活與國家體制的存在理由，認為我們可以透過各種歷史經驗的參照，從各種過去與現在的社會體制裡，找到我們的真我、發現我們的真實意志。不過，雖然鮑桑葵此處抱持的見解，和黑格爾有相近的地方，但他並未像黑格爾那樣對盧梭的觀點持強烈批判態度，而是試圖揉合盧梭和黑格爾的觀點。相較於此，我們接下來要討論的羅爾斯，則是試圖整合盧梭和康德的見解。

## ◆（三）說理的藝術：羅爾斯

作為二十世紀廣為人知的一位政治理論家，羅爾斯（John Rawls, 1921-2002）在他生前出版的專書數量其實不多。然而，憑藉著一九七一年出版的《正義論》（*A Theory of Justice*），羅爾斯一舉奠定了他在當代道德與政治學界裡的地位。在這本書裡，他明確指出他的正義理論是從洛克（John Locke, 1632-1704）、盧梭和康德那裡吸取資源建構。在本節，我們所將聚焦介紹的，將是羅爾斯對盧梭和康德思想的援用與發展。

根據羅爾斯所說，他沒有將社會契約看成是一個進入特定社會生活，或特定政府體制的媒介，而是把它當作一個指引，協助我們根據正義原則，去設想社會應該有的基本結構其形貌（ATJ, 10）。而這裡所謂的正義原則，便和盧梭談論的自由且平等的價值理念息息相關。如同盧梭筆下的立法家必須透過自身卓越的能力，為整個民族立下有助實現自由平等理念的根本大法，羅爾斯在《正義論》裡做的工作，也是透過理性推想的論證過程，去建立一個有助人們打造公平、公正社會的普遍原則。

誠然，從羅爾斯在《正義論》裡採用的論證方法來說，他受到康德影響的痕跡似乎較為明顯。按照羅爾斯的設想，當人們穿透了一個「無知之幕」（veil of ignorance），暫時遺忘了自己所擁有的一切偶然屬性時，人們便可以透過這樣的一種純粹無知的狀態，來推想普遍適用於所有人的道德原則（ATJ, 118-123）。在這裡，所謂的偶然屬性，是指人們之間基於出身、血統、樣貌、性別、膚色等因素所產生的差異特徵。換句話說，當人們穿透無知之幕後，他們所知道的自己，就單純只是一個擁有人類基本理性、情感、慾望和想像力的行為者。而當人們因為不知道自己有什麼特殊天賦、才能和家世背景，而可在與他人競爭的過程裡擁有哪些先天優勢時，羅爾斯認為，人們就會傾向接受一個能夠公平保障所有人的普遍道德原則。

就此說來，羅爾斯和康德相近的地方便在於，他同樣認為，人們可以透過抽象的理性推想程序，去建立一個普遍適用於所有人的道德法則。不過，正如柯亨（Joshua Cohen）提到，羅爾斯曾說：「他的正義原則，可以說是個想要將普遍意志的具體內涵表述出來的嘗試。」（Cohen, 2010: 2）羅爾斯對於盧梭思想的關注，多少也影響了他對於自由、平等與正義的理解。[9]就這方面來說，值得我們進一步說明的，就是羅爾斯對立法家角色的援用。

正如前述提及，羅爾斯受到康德不小的影響，因此，當他在援用盧

[9] 在《政治哲學史講演錄》（*Lectures on the History of Political Philosophy*）裡，我們可以看到羅爾斯的盧梭詮釋，正聚焦在自由、平等、正義和政治社會的穩定性等課題上（LHPP, 214-248）。進一步來說，雖然《政治哲學史講演錄》一書收錄的盧梭部分文稿，是羅爾斯在一九九四年才完成的定稿，和《正義論》的出版時間相隔二十多年。但在一九九三出版的《政治自由主義》（*Political Liberalism*）裡，我們其實就可以在羅爾斯談論「公共理性」的段落裡，發現普遍意志的痕跡。

梭的立法家概念時，他沒有將立法家視為世間少有的非凡俊才，而是認為，每位公民都可以在與他人商討公共議題時，運用自身的理性能力來確立基本的社會共識和道德原則。不過，羅爾斯雖然強調個人理性的重要性，但他對於人們應該如何使用這個理性的描述，和盧梭對於人民如何透過共同集會產生普遍意志的說法，倒有些相似。

首先，在羅爾斯的描繪下，參與公共討論的公民，必須是一群共享某些特定社會文化的人（PL, 442-445）。而羅爾斯之所以會設下這個條件限制，基本上和盧梭所擔憂的一樣，如果人們沒有共享特定的社會文化，那他們就不一定會關注共同的議題，並且也不一定能夠找到一個大家都願意接受的程序架構，以利推展討論。其次，這些參與討論的公民必須是自由且平等的。意即，如果參與討論的人們不具有自由且平等的公民身分，或是他們不認為公共討論出來的結果，應該同等適用於所有公民身上，那麼在他們討論的過程裡，就不僅容易出現私人利益凌駕公共利益的情況，且經由這個討論所產生的集體決定之正當性，便也容易受人質疑（PL, 445-452）。

在此我們可以看到，羅爾斯雖然重視個人的理性能力，但是他也十分關注人們的共通性。一旦這些共通條件獲得滿足，那麼，在這個由自由且平等的公民所共同參與、組成的公共會議裡，透過理性的推想程序，去說服其他公民支持自身的做法，便是法律政策能夠取得正當性的重要途徑。換句話說，在羅爾斯的觀點下，透過理性討論來形成公共的決定，便是人民確保國家政府的法律政策，能夠協助大家建立一個自由且平等的正義社會之基礎。總結來說，在羅爾斯發展、建構的理論裡，盧梭的普遍意志獲得了相當程度的保留與轉化。而就這轉化的部分來說，羅爾斯則從康德那裡獲得了不少助力。

說到這裡，若統整一下前述四位思想家的見解，我們可以發現，他們和盧梭相比，似乎都更為重視理性在公共事務與政治生活之中的角色。就這點來說，雖然他們對於理性的理解與界定各有不同，但經由他們對理性的重視所呈現的，則是一種有關「政治決定可有最佳解答」的想法。正如我們在第一章的討論裡提到，由人民全體做成的政治決定未必最佳，而這是因為公民們在面對公共議題時，可能因為各自的經濟、社會或文化背景不同，或是掌握的相關訊息多寡差異，無法做出一致的最佳判斷。換句話說，由於種種客觀、主觀條件的差異，每位公民能夠發揮的理性判斷能力，其優劣程度便會有所不同，進而影響全體做成的政治決定的好壞。

就此說來，我們平時之所以會傾向認為，具有專業訓練而似乎更善於使用理性判斷能力的專家學者，可以做出比人民更好的政治決定，便是因為我們多少同意理性判斷能力的優劣，是影響政治決定好壞與否的一項重要因素。與這類觀點相比，盧梭主張應該由人民全體做成政治決定的想法，便似乎帶有一種輕忽理性價值的傾向。確實，如果我們單從統治正當性的角度來看，對盧梭來說，比起政治決定本身的好壞，政治決定是否出自全體人民的普遍意志，才是我們所應該優先考慮的問題。不過，正如前面提到，盧梭雖然很少討論理性能力和普遍意志的關係，但他也曾經表示，人民應該學習去了解自己想要的事物究竟為何。進一步地說，盧梭認為，普遍意志作為人民全體的共同意志雖然總會是正確的，但它的具體內容，也就是人民全體做出的共同判斷則未必如此。所以「人民就必須學習了解事物的實情，有時更必須了解事物應有的形貌；明瞭他們的普遍意志追尋的良善道路在哪，並對抗那些引誘他們走偏的個人私慾」（SC, 83）。換句話說，盧梭雖然十分重視政治決定的正當性，但他並沒有完全忽視政治決定的好壞問題。

然而，如果普遍意志不只是個全體人民共享的意志，而更需要是個由人民全體共同做出的良好判斷，那麼，讓每位公民都能具備相同的判斷能力，並且共享充分資訊，便將會是落實這個想法的必要條件。只不過，就我們目前身處的社會環境來說，這些條件似乎未能輕易滿足。

第十章

# 普遍意志的現代處境

經由上一章的討論，我們可以看到，盧梭的普遍意志概念和人民主權理論，在許多思想家、理論家的援用發展下，慢慢有了各種不同的形貌。而在這個普遍意志概念蛻變、發展的過程裡，原本在盧梭的筆下較少被刻意強調的理性與普遍法則，則再次成為了關注的焦點。對於晚近研究者來說，以普遍意志為核心的人民主權理論，雖然日漸成為各地民眾所接受、擁抱的政治主張，進而使得大眾民意在多數的現代國家裡，成為了統治者和政府必須顧慮的對象。但是，就事實上存在於民眾之間的知識與理性能力的差異來說，在多數國家裡呈現的民意，往往遠不是盧梭描繪的那理想普遍意志，而更像是個單純比人數、比選票多寡的總意志。若我們從現代社會的生活處境進一步地來看，人民應該共享的那個總是關注公共利益的普遍意志，其實有著諸多的挑戰與可能。

## ◆（一）資本市場

首先，對人民的普遍意志造成最深且最廣的影響的，就是資本市場。關於資本市場，我們可以從各種不同的角度來定義、理解它。像是英國著名的政治經濟學者亞當・斯密（Adam Smith, 1723-1790）認為，資本市場的自由發展可以讓每個追求自身利益極大化的人，都能透過勞動、資金的投入，以符合期待的交換價格與成本，換取自己想要的服務或商品。另一方面，有些學者則像是馬克思（Karl Marx, 1818-1883）那樣認為，雖然人們能夠透過工作換取的報酬，來購買、取得自己需要的商品與服務，但他們實際上獲得的報酬，和他們付出的勞力與投入的資本相比，其實不成比例。而且，若拿人們的報酬來和商品及服務的價格相比，這之間的對價關係也往往不是公平的。換句話說，在馬克思的觀點下，辛勤工作的人們不只可能取得不公平的報償，更可能因為企業家或資本家干預市場價格，而被迫要付出不公平的代價，以換取自己需要的商品或服務。

如此看來，就這邊提到的亞當・斯密和馬克思的觀點來說，資本市場的運作其實和人民的普遍意志所指向的政治理念兩相對立。正如我們所知，在盧梭的描繪下，人民的普遍意志不僅是個總是關注公共利益的意志，更是個指導政府應該正當、合法地運用國家權力，以致力在社會中落實自由、平等與正義的崇高象徵。與這相比，資本市場的運作不是鼓勵人們重視自己的私利，便是加深社會不平等的嚴重程度，而與普遍意志所勾勒出來的理想目標相左。

更進一步來說，在資本市場裡，當部分人們透過各種方式取得了社會上的優勢地位後，他們參與公共討論、影響公共法案的力量，往往就比一般民眾來得大上許多。以我國的狀況來說，像是臺積電、鴻海、臺泥、中鋼等企業，他們的獲利與發展經常是市場的指標。因此，政府便時常會以穩定經濟為由，修改或提出對這些企業較為有利的政策法案。與這些企業和大資本家相比，一般民眾往往必須為了餬口，早出晚歸。

而這種社會、經濟乃至政治權利不平等的情況，也連帶造成多數民眾沒有時間和心力，能夠去關注公共議題、商討公共利益。

當然，自由市場的發展也並非總是只帶來壞處。透過自由交易的市場機制，人們確實能夠較為便利、迅速地取得自己所需要的商品或服務。只不過，如果為了這種便利性而必須犧牲公共生活，那這樣的交換代價是否值得，便有待身為公民的讀者自行判斷了。

## ◆（二）新聞傳播

和資本市場一樣，新聞傳播業的發展對於公共生活的影響也是有好有壞。早在盧梭的年代，報章雜誌便已經出現。像是一六三一年開始刊行的《各地見聞》（*Nouvelles Ordinaires de Divers Endroits*）、一六六五年的《學者雜誌》（*Journal des Savants*）或是一七七七年的《巴黎新聞》（*Journal de Paris*）等，都是一例。在這些報章雜誌的報導下，法國民眾對於各地發生的事件、新聞，甚至是官方政令等，都能有所聽聞、掌握。時至今日，新聞傳播的形式早已不再侷限於報章雜誌，像是電臺廣播、電視報導、紀錄影像等，也都是人們獲取社會新知的重要途徑。

一般而言，這些傳播新聞的途徑，多是為了幫助大眾增長知識、分享趣聞而用，但在國家社會建立之後，這些途徑便也具有了幫助人們凝聚意見、關注公共事務的功用。舉個例來說，如果人們生活忙碌，但還是能抽空瀏覽一下每份報紙的頭條標題，那麼，人們往往便能夠對近日發生的國家社會大事有所知悉。就此看來，新聞傳播作為資訊分享的管道，可說是人民凝聚公共意向、形成全體的政治決定的一個重要途徑。

只不過，當新聞傳播的媒介與途徑，受到資本市場的影響與主導後，新聞傳播便時常不能發揮它原本應該具有的，那協助公眾關心公共事務的作用。舉例來說，當大企業、大財團擁有了報社或新聞電臺後，他們便可能透過這些媒體散布有利於他們經營獲利的正面訊息。反過來說，如果這些大企業或財團，有特定反對的議題或對象，他們便也能夠藉由這些媒體，散布不利於他們反對對象的意見或觀點。就我國的情況來說，讀者只要翻閱《中國時報》和《自由時報》的頭版或社論，便找得到切身的實例。

總而言之，如果新聞傳播的內容，是以分享各地見聞或公共新知為主，而不是以特定政治立場或經濟利益為導向，去散布一些從特定視角篩選或剪裁的訊息，新聞傳播其實能夠協助人民表達他們的普遍意志，並藉以影響、指導政府的政策法案。然而，若情況相反，新聞傳播也可能成為特定利益之所以能夠凌駕公共利益之上的推手。

## ◆（三）網路平臺

在前文裡，我們提到新聞傳播和普遍意志之間的可能關係，而在其中，我們還沒有談到，但卻是影響當前各國人民輿論的重要媒介的，便是網路平臺。自一九八〇年代起，電子布告欄系統（Bulletin Board

System），也就是俗稱的ＢＢＳ站臺，便曾經是大眾互相交換訊息、知識的重要平臺。而這種資訊交換平臺和一般媒體最大的不同，就在於它可以進行即時的資訊交換。也就是說，當有人在ＢＢＳ站臺上留下訊息，其他人可以立即回覆該訊息，進行即時的互動討論。此外，像是ＩＣＱ、雅虎即時通，或是微軟ＭＳＮ等系統，也曾是一種讓大眾能夠立即透過電子應用程式交換訊息的媒介。時至今日，在全球範圍內被廣泛使用的網路社群平臺，還包含了像是Twitter、微博、Facebook等等。

進一步來說，既然這些網路平臺和一般媒體不同，可讓使用者即時交換訊息，民眾在這裡便不僅是單純地作為訊息的接受者，而同時也是資訊的散播者。不過，當廣大民眾都能成為訊息的散播者時，訊息交換的數量自然會隨之大幅成長。像是Facebook或Twitter、微博等社群平臺，在全球的使用者人數都超過一億以上，當這些破億的使用者都在社群平臺上散布、交換訊息後，這彼此交互作用產生的訊息數量，很容易就能超過一兆則。

說到這裡，讀者或許能夠感受得到，當訊息交換數量達到了上兆則以後，人們往往就會失去了蒐集、吸收、判別資訊的能力。當然，就現實的情況來說，由於存在著語言、時區和系統效能等許多限制，每個使用者實際上會接受或散布的訊息數量，不會真的達到上億或上兆則。只不過，就算每日收到的訊息量只是上百、上千則，忙於生計的人們是否有時間和心力去仔細閱讀、判斷訊息的內容真偽，仍是令人懷疑。就這一點來說，我們可以發現當前所謂的「後事實時代」（postfaktische Zeiten），其實不是單純指假資訊、假新聞的過度氾濫，而是指出了在訊息量太過龐大的狀態下，人們已經無法、也不會去關心新聞資訊的真偽了。

總歸來說，網路社群平臺其實和其他新聞傳播媒體一樣，對普遍意志的影響，是有好有壞。當每個人都能散布訊息時，新聞資訊就不容易被有心人士刻意操弄，然而，也正因為每個人都能散布訊息，隨之產生的龐大資訊量，卻也可能反過來成為影響人們判斷事實、形成公共利益的阻礙。

## ◆（四）多元社群

最後，就當前社會的處境對普遍意志的影響來說，多元社群的蓬勃發展或許也值得我們在此談談。

從前面的討論可以發現，資本市場、新聞傳播或是網路平臺等等，多比較是從結構、制度的角度來影響普遍意志的運作。然而，除了這些結構、制度的影響外，讓普遍意志難以在當前社會真正主導國家政府運作的另一個重要原因，就是多元社群的出現。在這裡，必須先澄清一下，多元社群其實不只在當前的人類社會中存在，相反地，自人類有群體生活以來，多元社群便一直伴隨著我們。在過往的家族、氏族社會裡，或是各種人類群體的結社生活中，基於特定興趣或利益形成的小團體或夥伴關係都曾經存在。而在現代社會裡，多元社群形成的方式則變得更為多樣且複雜。無論是血統、性別、種族、膚色、地域、階級、政黨立場、價值主張或特定興趣，都可能是多元社群出現的原因。

當然，多元社群既然存在，就表示有各式各樣的特殊利益存在。而當這些特殊利益影響了公共利益的落實和表述，政府自然就難以依循普遍意志的指引運作、施政。就這點來說，我們在盧梭那裡，就已經看到特定團體、黨派的存在，會是個影響、干擾普遍意志運作的因素。只不過，如果說多元社群是個舊現象、老問題，那我們為什麼還要特別說，它是個在當前的社會中影響普遍意志的因素？

首先，雖然說多元社群對普遍意志的影響是個老問題，但這並不代表我們可以輕估這些影響造成的衝擊。特別是，在前述內容提到的資本市場、新聞媒體和網路平臺等事物的運作、發展下，多元社群與特定利益干擾普遍意志的方法與途徑，也就連帶變得多元且複雜。舉例來說，特定社群為了強化民眾對特定利益的正面或負面印象，便可能透過商品貿易的壟斷，或是新聞媒體和網路平臺的文宣操作，來達成目的。換句話說，在當前的社會處境裡，人們其實變得更難去抵抗種種特定利益的影響。

其次，多元社群之所以在當前社會的處境下，對普遍意志的運作造成相當大的影響與干擾，說到底，也是因為人們對多元的價值、多元的生活方式，越來越尊重與重視。在過往的群體生活裡，雖然也會有多元社群的存在，但這些次要群體的利益或生活方式，多半容易被公眾以維繫全體的存續與價值為由犧牲。然而，在今天，隨著人們越來越重視各種生活方式的多元價值，那種種為多元社群堅持與追求的特定利益，便成為了公眾在考量各種政策法案的正當性時，所必須兼顧的對象。

例如，我國原住民的傳統生活方式，在過往大多容易被政府和公眾以各式各樣的理由干預。如傳統狩獵的儀式，可能會被大眾出於槍枝管制的理由予以禁止；或者是傳統的祖靈祭拜儀式，也可能會被指為迷信而為公眾所排斥。不過，在今日，由於人們越來越能尊重多元的生活方式和價值主張，這些以往容易被壓抑、排斥的多元社群活動，便能夠開始影響國家政府的政策法案。

當然，以當前的人類生活標準來看，對多元社群的尊重，往往是一個國家社會進步、文明的象徵，但多元社群的存在，卻也確實會使得人們更加堅持自身的特定利益，進而影響公共利益的推展和落實。如何在這兩者之間取得平衡，便是當前各國面對的一項重要挑戰。

結語

# 直接民主的挑戰

經過了前面的介紹與討論，我們終於來到本書的結尾。自第二章開始，本書概述了普遍意志概念涵蓋的種種面向，以及這個概念經歷過的許多轉變和發展。從原本神的意志，逐漸涵蓋了像是普遍法則、政體原則、民族風俗等要素，而最終成為共處一地、一國的所有人民所共享的公共意向。在此，普遍意志作為一個總是指向全體公共利益的意向，便和各種基於特定利益權衡、折衝產生的妥協共識不同，也和單純透過選票、人數多寡產生的總意志相異，而為凝聚眾人為一體所必要的核心樞紐。

當然，我們在日常公共事務的討論裡，或許不容易發現或察覺普遍意志的存在。但正如我們在第六章談到，普遍意志並非只能透過人民全體公開、明確的意向表述才得以呈現，相反地，普遍意志也可藏身在一國的憲法、風俗文化裡，隱晦地發揮它的影響力。然而，正因為普遍意志可能是隱晦地表現自身，追求自由且平等的自主公民，便需要不斷地透過自我反思、匯集資訊，以便做出一個合乎公共意向與公共利益的政治決定。

例如，當即將舉辦祭祖大典的仁明鎮，偶然因為政府收購案，而必須召集各里進行討論時，他們這時所面臨的課題，便正是共有的風俗文化和少數里民特定利益的衝突。在這衝突發生以前，鎮民們可能沒有什麼機會反思每年舉辦的祭祖大典，對大家來說到底具有什麼樣的公共意義或價值，但是當衝突發生後，鎮民們便有了這個機會來反思祭祖大典的公共意義。若我們進一步地將這個反思處境擴大到全國，那麼，全國人民自然也可利用種種法律或憲政爭議，來重新認識、討論大家共享的憲法精神與國家價值可能為何。

就此而言，在針對普遍意志概念涵蓋的各個面向，盡量做了簡短、扼要的說明之後，於本書的最後，筆者則想再簡短地談一談下面這幾個問題：

（1）個人私利和公共利益的衝突究竟如何化解？

（2）強調統治的正當性來自人民的意志到底有何實質意義？

（3）民意代表如果不能真正代表人民，那我們又為何要遵循他們制定的法律？

（4）說到底，究竟是直接民主好，還是間接民主好？

單就這四個問題來說，我們其實不容易從盧梭的觀點裡，找出可以回應第三個問題的簡明答案。首先，就這個問題的根本來說，如果我們認為民意代表或政府官員推行的法案、政策，都不應該違背或損害人民全體的公共利益的話，那我們或許就應該從自己的生活裡，撥出一些打電動、輕旅遊的時間來關注公共議題。明白地說，這是因為縱然我們現有的國家體制，無法像盧梭所期盼的那樣透過全體人民的集會做出政治決定，但我們現在擁有的各種數位工具如網路平臺、社交媒體等，仍然可以發揮相當程度的積極作用和影響力，協助我們分享資訊、交換意見，進而形成公共意見。

不過，即便我們作為公民、作為主權者，總應該關注公共議題、分享資訊、交換公共意見，但在現實上，絕大多數人仍然無法保有心力，持續地就公共事務交換心得與看法，而更希望在漫長、忙碌的工作之餘，放鬆心情、輕鬆一下。換句話說，如果我們認為民意代表或政府官員的立法施政，沒有真正符合自己的心聲與渴望，卻又裹足不前，不去主動關心、參與公共事務，那麼，這裡的問題關鍵就不在於民意代表或政府是否未能遵照普遍意志指引施政，而是在於我們自己。

就此說來，強調國家政府的統治正當性是來自人民普遍意志的實質意義，就在於我們可以透過人民全體的參與力量，防止政治權力被有心人士所壟斷，進而避免任意壓迫、戕害民眾自由與權益的舉動出現。就我國當前的社會狀態來說，我們或許會把自己享有的各種生活小確幸，看得理所當然；甚至，我們或許會認為，只要政府能夠讓我們享有這些小確幸就夠盡責了。然而，如果我們忽視公共議題，放棄我們身為公民、作為人民所享有的主權，而不去監督官員民代的政治作為的話，那我們僅存的這些小確幸，便很可能在我們不知不覺無力抵抗的時候，被統治當局任意剝奪。

說到底，對於生活在當下的我們來說，盧梭所設想的直接民主體制，也就是透過人民全體共同集會制定法律、票決政治決定的制度，其實不只是一種敦促我們去檢討、改善代議民主制度缺失的理想政體形式而已。更重要的是，當我們每天為了生計忙碌、被各種正反資訊疲勞轟炸的時候，我們便更應該按盧梭的提示，以人民主權的具體實踐為理想去挑戰自己，讓自己不受日常生活的例行公事所壓迫，積極關注、參與公共事務的討論。唯有如此，我們或許才能重新尋回公共生活的意義、成為名副其實的主權者。

當然，正如我們在第九章提到，人民全體的政治參與雖是捍衛主權不被特定人物篡奪的良方，但這並非意指「只要」全體人民都有參與公共事務的討論，那他們做出的政治決定就必然最佳。相對地，為了讓人民能夠做出良好的政治決定，公民德行與理性判斷能力的養成、各種知識與資訊內容的公開交換和流通，以及公民之間充分的議題討論與意見交流，都是不可或缺的必要條件。且唯有以這些條件為基礎，公民的直接政治參與才不會淪為各方意見彙集的大雜燴，成為拖累而非補強代議民主制度的政治設計。

進一步地說，雖然盧梭在《社會契約論》裡著重討論社會契約、普遍意志、人民主權等攸關直接民主理念的種種概念，但是就他於一七七二年撰寫完成的《論波蘭政府》（*Considérations sur le gouvernement de Pologne*）一書內容來看，十年之後的盧梭則認為，以當時波蘭的領地人口狀況來說，為了確保公共利益的落實與維護，代議民主制度仍然是必要的政治制度設計。換句話說，若我們是從制度設計的角度，來思考直接民主和代議民主何者最能有效保障公共利益的課題，那麼，這個課題的答案或許就不是二擇一，而是如何雙管齊下，相互補強。

在現實中，無論我們的國家政體奉行的是直接民主或是代議民主制度，人們總會遭遇到個人私利和公共利益發生衝突的時候。像是垃圾掩埋場的選址問題，便是一例。簡單說來，如果今天地方政府，甚至於中央政府，都在經過完善評估程序後，認為你家附近的空地最適合作為垃圾掩埋場的場址，在這個時候，你的個人利益（也就像是清爽、乾淨的空氣與居住環境等等）或許便會和設置掩埋場背後涉及的公共利益發生衝突。那麼，在這個情況下，無論我們今天採行的是全體人民共同出席議決的直接民主制，或是少數代表決定的代議民主制，這類個人私利和公共利益兩相衝突的情形，都依然有可能發生。

至於因應、處理這類衝突的方法，其答案其實很簡單，就是單純去做出我們的選擇。我們大可以選擇小確幸、選擇只在意自己的私利，但我們也可以選擇去關注公眾的利益、去設身處地思考哪種決策，最能夠讓每個人的自由權利都平等地獲得法律政策的充分保障，從而建立一個自由、平等與正義的國度。至於最後，我們到底是出於理性還是非理性、基於個人私利或是公共利益來做出選擇，這都是次要的問題。因為，這些選擇終究都是身為公民的我們自己所做。如果我們完全不願涉入公共事務、不願承擔起作為主權者的責任與義務，而把政治權力全部讓給少數政治人物所掌握，那我們現下擁有的那自主選擇空間，終將不斷縮減，直至消失。換句話說，無論我們的政體採行的是直接民主或是代議民主制，身為公民的我們都理當關注、參與公共事務的討論，直接、間接地表達出我們的心聲與渴望，並藉此敦促實際上負責治理活動的政治人物、民意代表與各級官員。而這，或許正是我們為何需要了解普遍意志概念、了解人民主權理論為何的理由，即我們必須認清，身為公民、身為主權者，我們的自由權利只有透過我們的自主參與，才能獲得最佳、最妥善的保障。

# 參考文獻

## 一、主要文獻引用縮寫

鮑桑葵（Bernard Bosanquet）

PTS *The Philosophical Theory of the State and related essays*, edited by Gerald F. Gaus and William Sweet (South Bend, Indiana: St. Augustine's Press, 2001).

黑格爾（G. W. F. Hegel）

EPR *Elements of the Philosophy of Right*, edited by Allen W. Wood; translated by H.B. Nisbet (Cambridge; New York: Cambridge University Press, 1991).

LHP *Lectures on the History of Philosophy Vol. 3: Medieval and Modern Philosophy*, translated by E.S. Haldane and Frances H. Simson; introduction to the

Bison book edition by Frederick C. Beiser (Lincoln: University of Nebraska Press, 1995).

康德（Immanuel Kant）

PW *Political Writings*, edited with an introduction and notes by Hans Reiss; translated by H. B. Nisbet (Cambridge: Cambridge University Press, 1991).

GMM *Groundwork of the Metaphysics of Morals*, translated and edited by Mary Gregor and Jens Timmermann; translation revised by Jens Timmermann; with an introduction by Christine M. Korsgaard (Cambridge: Cambridge University Press, 2012).

馬勒伯朗士（Nicolas Malebranche）

TNG *Treatise of Nature and Grace*, translated by Patrick Riley (Oxford: Clarendon Press, 1992).

孟德斯鳩（Montesquieu）

SL *The Spirit of the Laws*, translated and edited by Anne M. Cohler, Basia Carolyn Miller, Harold Samuel Stone (Cambridge; New York: Cambridge University Press, 1989).

盧梭（Jean-Jacques Rousseau）

DOI *Discourse on the Origin of Inequality*, translated by Franklin Philip (Oxford: Oxford University Press, 1994).

SC *The Social Contract*, translated and introduced by Maurice Cranston (New York: Penguin Books, 1968).

羅爾斯（John Rawls）

ATJ *A Theory of Justice* (Cambridge, Massachusetts: Belknap Press of Harvard University Press, 1999).

PL *Political Liberalism* (New York: Columbia University Press, 2005).

LHPP *Lectures on the History of Political Philosophy*, edited by Samuel Freeman (Cambridge, Massachusetts: Belknap Press of Harvard University Press, 2007).

## 二、二手文獻

Cassirer, Ernst, 1963. *Rousseau, Kant, Goethe: two essays*, translated by James Gutmann, Paul Oskar Kristeller, John Herman Randall (Princeton, New Jersey: Princeton University Press).

Cohen, Joshua, 2010. *Rousseau: A Free Community of Equals* (New York: Oxford University Press).

Cranston, Maurice, 1982. *The Early Life and Works of Jean-Jacques Rousseau 1712-1754* (Chicago: University of Chicago Press).

Grygieńć, Janusz, 2013. *General Will in Political Philosophy* (Exeter, UK: Imprint

Academic).

Lefebvre, Georges, 2001. *The French Revolution: From its Origins to 1793*, translated by Elizabeth Moss Evanson; with a foreword by Paul H. Beik (London: Routledge).

# 延伸閱讀

討論普遍意志概念或人民主權理論的書籍，汗牛充棟。在此，筆者僅擇要羅列些許文本，供讀者進一步參考、閱讀。

就普遍意志概念的闡發及其與統治正當性的關聯來說，可參閱下列文獻：

James Farr and David Lay Williams (eds.), *The General Will: the evolution of a concept* (New York: Cambridge University Press, 2015); Andrew Levine, *The General Will: Rousseau, Marx, Communism* (Cambridge; New York: Cambridge University Press, 1993); Jason Andrew Neidleman, *The General Will is Citizenship: inquiries into French political thought* (Lanham, MD: Rowman & Littlefield Publishers, 2001); Patrick Riley, *Will and Political Legitimacy: a critical exposition of social contract theory in Hobbes, Locke, Rousseau, Kant, and Hegel* (Cambridge, Massachusetts: Harvard University Press,

1982); Patrick Riley, *The General Will before Rousseau: the transformation of the divine into the civic* (Princeton, New Jersey: Princeton University Press, 1986)。其中，Riley的兩本著作分別就人的意志和統治正當性的關係，以及普遍意志概念在十七、十八世紀法國思想界的發展做了詳細討論，特別值得一讀。

其次，和普遍意志概念密切相關的社會契約論與人民主權理論，則可參閱下列文獻：王志宏著，《國民主權》（臺北：揚智文化，二〇〇二）；D. A. Lloyd Thomas著，黃煜文譯，《洛克與《政府論》》（臺北：五南文化，二〇一五）；Judith R. Blau, *Social Contracts and Economic Markets* (New York: Plenum Press, 1993); David Boucher and Paul Kelly (eds.), *The Social Contract from Hobbes to Rawls* (London; New York: Routledge, 1994); Richard Bourke and Quentin Skinner (eds.), *Popular Sovereignty in Historical Perspective* (Cambridge: Cambridge University Press, 2017); David Dyzenhaus (ed.), *Philosophical Foundations of Constitutional Law* (Oxford, United Kingdom: Oxford University Press, 2016); Michael Lessnoff (ed.), *Social Contract Theory* (New York: New York University Press,

1990); Christopher W. Morris (ed.), *The Social Contract Theorists: critical essays on Hobbes, Locke, and Rousseau* (Lanham: Rowman & Littlefield, 1999)。

而如果對民主理論或是直接民主理念抱有興趣，可參閱下列文獻：郭秋永著，《當代三大民主理論》（臺北：聯經出版，二〇〇一）；黃浩榮著，《公共新聞學：審議民主的觀點》（高雄：巨流圖書，二〇〇五）；蔡英文著，《從王權、專制到民主：西方民主思想的開展及其問題》（臺北：聯經出版，二〇一五）；林佳龍主編，《公投與民主：臺灣與世界的對話》（臺北：臺灣智庫，二〇〇九）；Bryan Caplan著，陳鴻旻、潘勛、劉道捷、鄭佩嵐譯，《理性選民的神話：透視狂人執政世代，最不安的民主真相與幻象》（臺北：大牌出版，二〇一八）；John Gastil and Peter Levine著，劉介修、陳逸玲譯，《審議民主指南：21世紀公民參與的有效策略》（臺北：群學出版，二〇一二）；Anja Röcke著，白舜羽譯，《公民參與的框架與擴散：法、德、英的參與式預算》（臺北：五南文化，二〇一七）；Terrence E. Cook and Patrick M.

Morgan, *Participatory Democracy* (San Francisco: Canfield Press, 1971); Andrea Felicetti, *Deliberative Democracy and Social Movements: transition initiatives in the public sphere* (London: Rowman & Littlefield International, 2017); Michael Gallagher and Pier Vincenzo Uleri (eds.), *The Referendum Experience in Europe* (New York: St. Martin's Press; Hampshire: Macmillan press, 1996); Kris W. Kobach, *The Referendum: direct democracy in Switzerland* (Aldershot; Brookfield, Vt.: Dartmouth, 1993); Ron Levy and Graeme Orr, *The Law of Deliberative Democracy* (Milton Park, Abingdon, Oxon; New York: Routledge, 2017); Amartya K. Sen, *Collective Choice and Social Welfare* (Amsterdam; New York: North-Holland; New York: Sole distributors for the U.S.A. and Canada, Elsevier Science Pub. Co., 1984); Stephen Tierney, *Constitutional Referendums: the theory and practice of republican deliberation* (Oxford, United Kingdom: Oxford University Press, 2014); Thomas Zittel and Dieter Fuchs (eds.), *Participatory Democracy and Political Participation: can participatory engineering bring citizens back in?* (London; New York: Routledge, 2007)。

此外，若是對歐洲民主共和思想與實踐的發展歷程感到好奇，則可參閱如下文獻：王壽南著，《法國大革命中的人物》（臺北：臺灣商務，二〇〇七）；高全喜著，《自由政治與共和政體》（香港：香港城市大學，二〇一七）；蕭高彥著，《西方共和主義思想史論》（臺北：聯經出版，二〇一三）；Anthony Everitt著，翁嘉聲譯，《羅馬的崛起：西方史上最偉大帝國的建立》（臺北：廣場出版，二〇一三）；Peter Gay著，劉森堯、梁永安譯，《啟蒙運動》（臺北：立緒文化，二〇〇八）；Georges Lefebvre著，顧良、孟湄、張慧君譯，《法國大革命：從革命前夕到拿破崙崛起》（臺北：廣場出版，二〇一六）；Andrew Lintott, *The Constitution of the Roman Republic* (Oxford; New York: Clarendon Press, 1999); Roy Porter, *The Enlightenment* (Atlantic Highlands, New Jersey: Humanities Press International, 1990)。

最後，若是對本書提到的幾位思想家（如阿諾德、巴斯卡、馬赫伯朗士、孟德斯鳩、盧梭、康德、黑格爾、鮑桑葵、羅爾斯等人）的思想主張感到興趣，則可進一步參閱下列文獻：李淳玲著，《康德哲學問題的當代思索》（高雄：高雄復文圖書，二〇〇四）；盧梭著，魏肇基譯，《愛彌兒》（臺北：臺灣商務，二〇一三）；盧梭著，苑舉正譯注，《德行墮落與不平等的起源》（臺北：聯經出版，二〇一五）；盧梭著，袁筱一譯，《一個孤獨漫步者的遐想》（臺北：自由之丘，二〇一七）；Sebastian Gardner著，劉育兆譯，《康德與《純粹理性批判》》（臺北：五南文化，二〇〇九）；Claude Mazauric著，郭維雄譯，《二十歲的盧梭：對自由的激烈渴望》（臺北：商周出版，二〇一四）；Roger Scruton著，劉華文譯，《康德》（香港：牛津大學出版社，二〇一六）；Antoine Arnauld, *Oeuvres de Messire Antoine Arnauld* (Brussels: Culture et Civilisation, 1967) ; Frederick C. Beiser, *The Fate of Reason: German philosophy from Kant to Fichte* (Cambridge, Massachusetts: Harvard University Press, 1987); Jeffrey Bercuson, *John Rawls and the History of Political Thought: the Rousseauvian and Hegelian heritage of justice as fairness* (New York: Routledge, 2014); Nicholas Capaldi and

Gordon Lloyd, *Liberty and Equality in Political Economy: from Locke versus Rousseau to the present* (Cheltenham, UK; Northampton, MA, USA: Edward Elgar Publishing, 2016); Ernst Cassirer, *The Question of Jean-Jacques Rousseau*, edited and translated with an introduction and a new postscript by Peter Gay (New Haven: Yale University Press, 1989); Samuel Freeman, *Rawls* (New York: Routledge, 2007); Paul Guyer, *Kant* (London; New York: Routledge, 2006); Martin Heidegger, *Hegel* (Frankfurt am Main: V. Klostermann, 1993); Leonard T. Hobhouse, *The Metaphysical Theory of the State: a criticism* (London: Routledge, Thoemmes Press, 1993); Karl Jaspers, *Kant*, edited by Hannah Arendt; translated by Ralph Manheim (New York : Harcourt, Brace & World, 1962); Blaise Pascal, *Oeuvres de Blaise Pascal*, ed. L. Brunschvicg (Paris: Librairie Hachette, 1914); Judith N. Shklar, *Montesquieu* (Oxford; New York: Oxford University Press, 1987); William Sweet, *Idealism and Rights: the social ontology of human rights in the political thought of Bernard Bosanquet* (Lanham: University Press of America, 1997); Charles Taylor, *Hegel* (Cambridge; New York: Cambridge University Press,

1975); Robert S. Taylor, *Reconstructing Rawls: the Kantian foundations of justice as fairness* (University Park: Pennsylvania State University Press, 2011)。

Wings

# 普遍意志

2019年12月初版 定價：新臺幣290元



著　　者　劉　佳　昊
叢書編輯　黃　淑　真
特約編輯　黃　美　玉
校　　對　吳　美　滿
內文排版　林　婕　瀅
封面設計　兒　　　日
編輯主任　陳　逸　華



出 版 者　聯經出版事業股份有限公司
地 址　新北市汐止區大同路一段369號1樓
編輯部地址　新北市汐止區大同路一段369號1樓
叢書編輯電話　(02)86925588轉5322
台北聯經書房　台北市新生南路三段94號
電 話　(02)23620308
台中分公司　台中市北區崇德路一段198號
暨門市電話　(04)22312023
台中電子信箱　e-mail：linking2@ms42.hinet.net
郵政劃撥帳戶第0100559-3號
郵撥電話　(02)23620308
印 刷 者　世和印製企業有限公司
總 經 銷　聯合發行股份有限公司
發 行 所　新北市新店區寶橋路235巷6弄6號2樓
電 話　(02)29178022

總 編 輯　胡　金　倫
總 經 理　陳　芝　宇
社 長　羅　國　俊
發 行 人　林　載　爵

行政院新聞局出版事業登記證局版臺業字第0130號

本書如有缺頁，破損，倒裝請寄回台北聯經書房更換。　ISBN 978-957-08-5438-1 (平裝)
聯經網址：www.linkingbooks.com.tw
電子信箱：linking@udngroup.com

國家圖書館出版品預行編目資料

普遍意志/劉佳昊著．初版．新北市．聯經．2019年
12月．232面．14×21公分（Wings）
ISBN 978-957-08-5438-1（平裝）

1.學術思想 2.政治思想

570.9408 108020046